꽃을
던지고
싶다

꽃을 던지고 싶다

초판 1쇄 펴냄 2013년 3월 11일
초판 4쇄 펴냄 2019년 11월 15일

펴낸이 박종암
펴낸곳 도서출판 르네상스
출판등록 제410-30000002006-62호
주소 경기도 고양시 일산서구 중앙로 1455 대우시티프라자 715호
전화 031-916-2751
팩스 031-629-5347
전자우편 rene411@naver.com

ISBN 978-89-90828-62-0 23810

이 책은 저작권법에 따라 보호받는 저작물이므로 무단 전재와 무단 복제를 금합니다.
이 책 내용의 전부 또는 일부를 사용하시려면 반드시 저작권자와 출판사의 동의를 받아야 합니다.

# 꽃을 던지고 싶다

아동 성폭력 피해자로 산다는 것

너울 지음

르네상스

추천사

절대로 잊히지 않는다면,
무엇을 해야 하는가

전희경(여성학 연구자, 이화여대 한국여성연구원 객원연구위원)

    몇 년 전, 이 책의 저자가 가장 좋아하는 책이라고 소개한 수잔 브라이슨의 《이야기해 그리고 다시 살아나: 성폭력의 기억은 절대로 잊히지 않아》를 처음 읽었을 때가 생각난다. 《이야기해 그리고 다시 살아나》는 수잔 브라이슨이 자신의 강간 피해 경험을 이론화한 책이다. 저자와 마찬가지로 나에게도 그 책은 중요한 전환점이었는데, 그 핵심은 바로 고통에 대한 것이었다. 고통이 끝나지 않는다는 것을 알면서도 어떻게 죽지 않고 계속 살아갈 수 있는가라는 질문은, 성폭력에 관한 어떤 이론서보다 압도적이었다.
    추천사를 써 달라는 부탁을 받고 초고를 읽어 내려가며 가장 많이 떠오른 말이 바로 이 책의 부제였다. 성폭력의 기억은 절대로 잊히지 않아, 라니…. 도대체 번역자들은 왜 이런 부제를 붙였을까? 그 부제는 준엄한 선고처럼 혹은 무시무시한 협박처럼 읽혔다. 그리고 오랫동안 마음속에서 해명되지 않은 채 남아 있었다.

몇 년이 지난 지금, 《꽃을 던지고 싶다》의 출간을 바라보며 나는 소화되지 않았던 그 문장을 다시 떠올렸다. 그리고 알게 되었다. 저 부제가 그토록 소화되지 않은 이유는, '잊히지 않는다면 어떻게 해야 한단 말인가?'라는 절박한 질문으로 나를 떠밀었기 때문이라는 것을.

### 살기 위해 쓰고, 읽어야 한다

한국에서 성폭력 피해 생존자의 증언을 담은 책은 매우 드물다. 말을 하고 글을 쓴다는 것은 인간이 자기 자신이기 위해 필요한 근원적인 활동임에도 불구하고, 성폭력에 대해 말하고 글 쓰는 것은 항상 자기의심과 타인의 의심 둘 다를 동반한다. 말해도 되는가? 말하는 것이 어떤 의미를 갖는가? 말한다고 해서 누가 이해할 것인가? 끝없이 고개를 드는 질문에 맞서 성폭력 피해에 대해 말하고 쓴다는 것은 그 자체가 투쟁이다. 바로 이 지점에, 브라이슨 책의 역자들이 부제로 고른 문장 '절대로 잊히지 않아'가 다가선다.

절대로 잊을 수 없고 없던 일이 될 수 없기에, 그 모든 의심과 반문에도 불구하고 성폭력 피해는 말해지고 쓰여야 한다. 이 책은 무엇보다, '절대로 잊히지 않아'라는 문장 다음에 무엇이 와야 하는지를 보여주는 책이다. 절대로 잊히지 않기에 영원히 피해자로 고정될지 모르는 위험에 맞서, 살아 있는 존재이기 위하여 우리는 쓰고, 또 읽는다.

성폭력 피해 생존자의 시간

시간에 대해 생각해본다. '인간의 시간은 언제나 이야기된 시간일 수밖에 없다'는 프랑스 철학자 폴 리쾨르의 통찰을 굳이 빌지 않더라도, 시간이 없다면 무언가를 말하거나 쓸 수 없다. 물론 이야기된 시간이란 반드시 시계와 달력처럼 순서대로 흐르지는 않는다. 우리의 현재에 때로 과거나 미래가 불쑥 끼어들기도 한다. 하지만 불쑥 끼어든 그 과거나 미래에 대해 의미 있게 타인에게 이야기할 수 있으므로, 우리는 고독해지지 않을 수 있다. 그런데, 내 삶의 시간이 타인들의 시간과 불일치한다면 어떻게 해야 할까?

저자는 "나는 열세 살을 살고 있는 서른여덟의 몸을 가진 괴물이 되어 있었지만, 세상은 나의 고통과 치유와 상관없이 변화하고 성장했다. … 오직 나만 25년 전에 갇혀 있었다는 사실만을 확인할 수 있었다."라고 쓰고 있다. 감히 짐작컨대 그 고통은, '시간'이 뒤죽박죽되어 버리는 고통이거나 혹은 혼자서만 타인과 다른 시간을 살아내야 하는 고통일 것이다. 어쩌면 그래서 저자는 반복해서 '시간'에 대해 쓰고 있는지도 모른다.

또한 다른 생존자들에게 "세상의 속도로 보면 더딜 수 있지만 우리는 참으로 열심히 살아온 것이지요."라는 말을 건넬 때, "이럴 때 나에게 시간을 주었으면 좋겠다. … 사람은 누구나 마음이 아픈 시간이 있고, 그 아픈 마음을 다스릴 시간이 필요하다는 사실을 알아주었으면 좋겠다."라고 부탁할 때, 저자는 세상과 불일치하는 시간을 존중하는 법에 대해 우리에게 묻고 있는 셈이다.

문장들 그리고 그 다음

성폭력 피해에 대해 쓴다는 것은 도저히 세상의 속도에 무리 없이 스며들 수 없을 것만 같은 조각난 시간들을 의미 있고 이해 가능한 '이야기'로 만들어내는 일이기도 하다. 성폭력을 (앞도 뒤도 없는) '사건'으로 다루는 데 익숙한 한국 사회에서, 사회가 인지하는 '사건'과 피해 생존자 자신의 지속되는 '삶' 사이에 놓인 거리는 멀다. 저자는 '사건'과 '삶' 사이의 바로 그

거리를 '이야기'를 통해 메우고자 한다.

때로 그의 이야기는 존재하지 않았던 것('원래의 나')을 구원하려는 불가능한 시도처럼 보인다. 그는 "내가 잃어버린 것은 무엇일까?" "나에게 치유란 …"이라는 말로 자꾸만 되묻고, 자꾸만 대답한다.

또 그의 이야기는 '사람'으로 살고자 하는 끈질긴 열망이다. 살 가치가 없다는 공포, 살 필요가 없다는 무기력, 살 수 있는 미래가 없다는 절망에 맞서며 걸어 온 발자취이다.

사람은 살고 나서(삶을 잠시 멈추고) 기록하는 것이 아니라, 기록함으로써 살아간다. 그래서 나는 이 책이 쓰이고 출판되었다는 것 자체가 이 책의 의미라고 생각한다.

매끄럽지 않게 이어지는 문장을 읽는 도중 여러 차례 걸려 넘어졌다. 그러면서 행간에 숨겨진 문장, 쓸 수 없었을 문장들을 헤아려보기도 하였다. '모든 말하기는 협상적 말하기'라는 여성학자 정희진의 말대로라면, 이 울퉁불퉁하게 이어지는 문장들은 이 사회가 성폭력 피해 생존자에게 얼마나 엄청난 협상을 요구하고 있는지를 보여주는 반증이기도 할 것이다. 여자여서 겪는 고통, 여자이기만 해서 겪는 고통, 여자일 수 없는 고통들이 온통 얽히고설켜 있는데, 온전한 능동태로 질서정연하게 고통을 말할 수 있는 사람이 얼마나 있겠는가.

하지만 그의 이야기는 매끄럽지 않은 대신 그 어떤 글보다 집요하다. 집요하게 따라붙는 기억들에 대응하여 집요하게 직시하는 그의 글을 의미 있게 읽어내고 사회적으로 소통시키는 것은 독자의 몫일 것이다.

 '이야기'는 누군가를 무너뜨릴 수 있다. 반대로 누군가를 일으켜 세울 수도 있다. 이 책에는 인용이 많다. 한 사람의 생존이 가능하기까지 그가 붙잡아 온 손들이다. 그에게 손 내밀었던 많은 인용을 보며, 그가 쓴 이 책 또한 다른 생존자들에게 내미는 손이라는 것을 깨닫는다.

 문득 내가 알고 있는 여러 생존자들의 얼굴과 이름을 하나씩 떠올려본다. 그에게, 또 수많은 생존자들에게, 매번 돌아오는 겨울이 혹독히 추운 만큼 매번 다시 오는 봄 역시 더욱 반갑고 선명한 것이었으면 좋겠다.

프롤로그

## 내가 잃어버린 것은 무엇일까

    나는 학생들을 가르치는 선생님이 되고 싶었습니다. 어릴 때 부모가 모두 일을 나가고 혼자 남겨진 동네 아이들을 모아 놓고 한글과 숫자를 가르치곤 했습니다. 어린 아이들을 돌보고 가르치는 일이 무척 즐거웠습니다. 한때는 법을 다루는 사람이 되고 싶기도 했습니다. 막연히 억울한 사람들에게 도움이 되고 싶었던 것 같습니다.

    그런데 어린 나이에 성폭력 피해를 경험하면서 나는 꿈을 잃어버렸습니다. 나도 모르게 당시의 사회적 편견을 받아들인 모양입니다. '나는 더럽혀졌고, 사람들 앞에 서거나 누군가에게 도움이 되는 사람이 될 수 없다'고 생각하게 되었지요. 뿐만 아니라 나는 스스로를 아무 일도 할 수 없는 사람이라고 여겼습니다. 심지어 살 가치가 없는 인간이라고 나를 부정하면서 살았습니다.

이 글은 여기서 시작합니다. 성폭력으로 내가 잃어버린 것은 무엇일까 하는 고민.

이 책은 〈여성주의 저널 일다〉에 연재되었던 글을 보태고 다듬어 나온 것입니다. 막상 제 이야기가 책으로 나온다고 하니 낯설고 부끄럽습니다.

처음 〈일다〉에 글을 쓰기로 한 것은 나처럼 힘들어하는 생존자들이 읽었으면 하는 바람이었습니다. 상처를 치유하기 위해 무던히 애를 쓰는 과정에서 무엇보다 나에게 도움이 되었던 것은 다른 성폭력 생존자들의 기록이었습니다. 어떻게 살아야 할지 한 치 앞도 안 보이는 어둡고 긴 터널에 갇혀 헤매고 있을 때 그 기록들이 나에게 손을 내밀어 주었습니다. 성폭력이라는 끔찍한 공포를 경험한 사람이 나 혼자만이 아니라는 사실만으로도 큰 힘이 되었습니다. 내가 힘을 얻었듯이 다른 생존자들도 내 기록을 통해 힘을 얻기를 바랍니다.

나를 비롯한 생존자들에게 힘들어해도 된다고, 우리가 경험한 사건은 결코 만만한 일이 아니었으니 당시의 공포, 두려움,

우울감, 그 사건이 가지고 온 감정의 소용돌이를 잘 돌봐줘야 한다고 이야기하고 싶었습니다. 애써 괜찮아졌다고 믿지 않아도 되고, 화가 나면 화내도 된다고 말하고 싶었습니다.

내가 처음 성폭력 피해를 경험한 것은 25년 전입니다. 25년 전 일이 아직도 내 삶을 흔들고 있습니다. 성폭력 사건이 '해결'된다는 것은 무엇일까요? 가해자를 처벌하면 해결된 것이고, 처벌하지 못하면 해결되지 않은 것일까요? 피해자 자신이 해결을 어떻게 규정하는지에 따라 달라진다고 생각합니다.

나는 내 감정을 다스리는 것을 해결이라고 생각했습니다. 마음의 상처에 무심한 사회에서 마음의 고통을 이야기하는 것은 나약하다고 치부됩니다. 그러나 고통을 드러내는 것이 치유의 과정이자 진정한 해결이라고 믿기에 내 마음의 고통을 이야기하고 싶었습니다.

나는 항상 남들보다 더 열심히 살아야 하고, 더 밝아야 한다고 스스로를 다그쳐 왔습니다. 그래야만 피해가 없었던 여자처럼 보일 것이라고 믿었습니다. 그러나 그렇게 해서는 절대 회복할 수 없다는 사실을 알게 되면서 내 감정을 보게 되었습니다. 나 자신의 추함, 원망, 미움, 아픔, 화를 바라보는 것이 쉽지는 않았지만 충분히 화를 내고 분노하고 원망한 후에야 다른 감정이 가능하다는 사실을 알게 되었습니다.

나는 25년이 지난 지금도 외상 후 스트레스로 인해 어려움을 겪고 있습니다. 어떤 단어나 장면, 상황이 나를 고통 속으로 끌고 들어가곤 합니다. 이 책에서 그러한 내 감정을 드러내다 보니 읽는 분들이 무척 힘드실 겁니다. 하지만 매일 그런 고통 속에서 산다면 사람이 어떻게 살 수 있겠습니까? 때때로 고통과 두려움에 가위 눌리듯 힘겨워하지만 대부분은 보통 사람들의 일상과 그리 다르지 않습니다. 지난한 치유 과정을 거쳐 온 덕분에 이제는 내일과 미래를 생각할 수 있을 정도로 힘이 생겼습니다.

글을 쓰면서 한 가지 염려되는 점이 있었습니다. 내 글을 통해 독자들이 모든 생존자가 엄청난 고통에서 헤어나지 못한다는 편견을 갖게 되지 않을까, 걱정되었습니다. 성폭력 경험이 모든 이들에게 똑같은 영향을 미치는 것은 아닙니다. 각자가 처한 환경, 문화, 주변의 지지 여부에 따라 크게 달라집니다. 그러니 이 이야기는 그저 나 한 사람의 이야기로 읽어주시기를 바랍니다.

긴 여정을 함께해주실 분들께 감사를 전합니다.

차 례

추천사 절대로 잊히지 않는다면, 무엇을 해야 하는가_전희경 • 4
프롤로그 내가 잃어버린 것은 무엇일까 • 10

1. 25년간 내 삶을 관통해온 기억을 풀어내며 • 18
2. 내 몸은 4월을 기억한다 • 25
3. 첫 번째 강간에 대한 기억 • 30
4. 왜 맞았는가? 라는 질문은 어리석고 우습다 • 34
5. 엄마가 사라졌다 • 38
6. 가정이 좀더 빨리 해체되었더라면 • 41
7. 친족 성폭력, 지금도 누군가는 겪어내는 일 • 46
8. 안전한 곳은 존재하지 않는지도 모른다 • 51
9. 25년 전의 어린 나를 만나러 가다 • 56
10. 오늘은 상담을 받으러 가는 날이다 • 64
11. 강간당한 여자는 어떻게 살아야 하나? • 72
12. 나는, 불쌍한 여자인가? • 79
13. 계단에 대한 공포와 거부감 • 86
14. 그랬구나, 나도 소중한 딸이었구나 • 92
15. 한 생존자가 다른 생존자에게 • 97
16. 아동 성폭력이 나에게 남긴 것 • 105
17. 성폭력과 성관계, 불안한 경계 • 113

18. '가족'이라는 어려운 관계 • 124
19. 대한민국에서 20대 여자로 산다는 것 • 130
20. 내가 상실한 것은 무엇일까? • 137
21. 외도 상대 따위는 되지 않을 거야 • 142
22. 전생의 업? • 150
23. 죽기로 결심하다 • 155
24. 단란주점에서 보낸 일주일 • 159
25. 등록금을 준 손님, 그러나 고맙지 않았다 • 163
26. 왜 우리는 성폭력을 기억하고 있는가 • 167
27. 성판매, 내가 사람이 아님을 확인하는 길 • 174
28. '치유'는 천사의 모습을 하고 오지 않는다 • 179
29. 트라우마를 이야기한다는 것 • 186
30. 내 삶에 일어난 사건들에 이름을 붙이다 • 193
31. 산다는 것은 얼마나 위대한가 • 201

글을 마치며 • 206
나에게 힘이 되어 준 책들 • 210

**해제** 우리 모두의 평화를 위한 용감한 고백_김영옥 • 216

상처의 치유는 문제를 덮어둠으로써 가능한 것이 아니라
문제를 들춰내며 자신의 경험을 새로운 시각으로 재해석, 재발견함으로써
가능하다. 폭력 당한 경험을 잊으려는 노력에서가 아니라 자신의 경험을
여성주의 시각으로 재해석할 때 가능하며,
이때 그들은 희생자가 아니라 생존자가 된다.
- 정희진《저는 오늘 꽃을 받았어요》

# 1
## 25년간 내 삶을 관통해온 기억을 풀어내며

2007년 12월 어느 날 서른세 해를 마무리하던 나는 전혀 예상치도 못한 일을 경험하게 되었다. 짧은 삶을 살아오면서 가장 편하고 행복한 시기라고 스스로에게 자부하며 보내고 있던 시절이었다. 성인이 된 뒤 처음으로 밥벌이에 아등바등하지 않고 내가 하고 싶은 일만 하며 사는 여유와 사치를 누리고 있었다. 소풍 나온 아이처럼 모든 일이 재미있었고, 나를 인정해주는 사람들로 내 주변을 채워나갔다.

어느 때보다 내 삶은 평화로웠으며 희망과 활기가 넘쳤다. 적어도 난 살아 있다고 느꼈고, 가끔씩 찾아오는 두통 외에는 모든 것이 만족스러웠다. 머리가 깨질 것 같은 두통이 이따금 엄습했지만 병원 검사 결과 이상이 없다는 소견을 들은 터라 그냥 익숙하게 받아들이고 있었다.

축복과 사랑이 가득하기를 누구나 희망하는 크리스마스 전날, 그날도 알 수 없는 두통이 계속되었다. 하지만 일상생활을 할 수 없을 정도는 아니었기에 좋아하는 사람들을 집으로 초대해 와인 파티를 즐겼다. 친구들이 모두 돌아가고, 평온한 하루였다는 안도감과 함께 잠이 들었다. 다른 날과 크게 다를 것이 없는 그런 하루였다.

그것은 단순한 꿈이었다. 현실이 아니었다. 편안하고 안전한 우리 집에서 자다가 꾼 꿈에 지나지 않았다. 그러나 그 꿈이 내 인생을 완전히 바꾸어 놓았다.

꿈에서 난 어른이었고, '남자'에게 강간을 당하고 있었다. 공포에 질려 몸을 움직일 수가 없었다. 소리를 지르고 싶었으나 목소리가 나오질 않았다. 저항해야 한다는 생각밖에 없었다. 남자의 얼굴은 기억이 나지 않았다. 그런데 그 남자가 입고 있는 옷의 색깔은 익숙했다.

죽을 것 같은 공포가 나를 에워쌌다. 나는 마지막 힘을 다해 구원을 요청했다.

"살려주세요. 살려주세요."

그러나 아무리 소리를 지르려고 애를 써도 목소리가 나오지 않았다. 나는 흐느껴 울면서 나오지 않는 목소리로 "살려주세요."라는 말만 되뇌었다.

그것은 명확하게 죽음과 마주앉은 느낌이었다. 꿈을 꾸면서도 몸이 움직이지 않았고, 꿈에서 깨어나야 한다는 의식 속에서도 강간을 당하고 있었다. 나는 강간당하는 꿈속의 나를 그 남자의 등 뒤에서 지켜보고 있었다.

다행히도 파트너가 내 울음소리를 듣고 놀라서 나를 흔들어 깨웠다. 덕분에 나는 죽음 직전에 꿈에서 깨어날 수 있었다. 그러나 눈물을 멈출 수가 없었다. 꿈을 꾸고 난 후 마치 실제로 강간을 당하고 있는 듯한 고통과 슬픔, 두려움, 공포가 나를 사로잡았다.

그 꿈이 무엇을 의미하는지 알 수는 없었지만 나는 아무것도 할 수가 없었다. 극심한 공포로 인해 나는 며칠 동안 아무것도 하지 못했다. 너무나 선명한 공포에 안정을 찾을 수가 없었다. 하루하루 일상을 견뎌낼 힘조차 남아 있지 않았다.

선명한 공포. 알 수 없는 아픔. 그러면서 더욱 선명해진 사건에 대한 기억.

불면의 날이 며칠 지나자 꿈속에서 그 남자가 입고 있던 황토색 윗옷과 청바지가 기억났다. 25년 전 나를 강간했던 사람이 입고 있던 옷이라는 사실이 뚜렷하게 각인되었다.

그날 이후로 잠을 잘 수가 없었다. 참을 수 없는 두통에 시달렸으며, 밥을 먹을 수도 없었다. 나를 저주하기 시작했다.

내가 할 수 있는 선택은 자살밖에 없었다. 결국 자살을 시도하게 되었다. 그러나 그마저도 뜻대로 되지 않았다.

생기 넘친다고 느꼈던 내 일상은 순식간에 퍼석한 사막으로 변해버렸다. 내 삶을 기쁨과 충만함으로 채워주던 소중한 관계가 깨져나가기 시작했다.

그동안 나는 다른 사람의 고민을 잘 들어주고, 누구든 상냥하고 친절하게 대하는 사람이라는 평판을 들었다. 그런데 갑자기 내 고민에만 빠져 주변 사람들에게 마구 화를 내기 시작했다. 그러자 사람들은 "너 변했어. 왜 전과 달라?"라고 이야기하기 시작했다.

나는 설명하기 싫었고, 설명할 수도 없었다. 나 스스로가 내 감정을 이해할 수 없었으므로.

무엇보다 성폭력 경험을 이야기할 수는 없었다. 성폭력 경험은 죽을 때까지 숨겨야 하는 것이라고 생각해 왔기에 내 공포와 우울을 설명할 수가 없었다.

누구보다 긍정적이고 명랑하다고, 그 밝음을 기대하고 나와 관계를 맺었던 사람들은 내 변화를 민감하게 알아차리기 시작했다. 그들을 이해시켜가며 관계를 지속시킬 에너지가 내게 남아 있지 않았다. 나 또한 그들의 기대에 미치지 못한다는 생각에 친구들을 피하게 되었다. 나 스스로 고립을 자청했다. 파티가 끝난 것처럼 나는 혼자 남겨졌고, 친근한 사람들은 하나둘 내 곁을 떠나갔다.

'세월이 약'이라는 말, '시간이 지나면 상처도 잊힌다'는 속설은 적어도 나에겐 해당사항이 없었다. 절대로 강간의 피해는 잊히지 않았다. 그 공포는 시간이 한참 흐른 뒤에도 조금도 흐려지지 않았다. 나는 참을 수 없는 불안감과 혼자 감당하기 힘든 공포에 휩싸였다.

꿈을 꾸고 난 후 내 삶은 완전히 달라졌다. 관계가 깨어지는 고통, 일상을 살아내야 하는 어려움, 과거의 폭력이 되살아나는 아픔이 순식간에 내 삶을 삼켜버린 것이다.

25년 전 사건 혹은 과거의 한 시점에서 겪은 경험이 아니라 25년 동안 나를 관통한 사건을 이제 이야기해보려고 한다.

◇◇◇◇◇◇◇◇◇◇◇◇◇◇◇◇◇◇◇◇

꿈을 꾸고 나서 처음에 너무도 원망스러웠다. 신이 있다면 욕이라도 해주고 싶었다.

하루하루 먹고사는 문제가 나에게는 커다란 과제였다. 내가 벌지 않으면 끼니를 해결할 수 없을 정도로 가난했으므로 나는 아파도, 죽고 싶어도 일을 해야 했다.

그런 내가 처음으로 휴식이라는 여유를 가질 수 있었던 시기였다. 그 휴식기를 빼앗아가려는 것처럼 몹쓸 꿈이 나를 찾아온 것이다. 전쟁의 신이 있다면 이런 모습일 것이다.

직면은 이렇게 자신의 의지와 상관없이 찾아온다. 어떤 사람은 임신을 하고 나서 여자아이임을 알고 과거에 입은 성폭력 피해가 떠올랐다고 한다. 사춘기가 되어 어릴 적에 당한 폭력이 떠올랐다는 사람도 있다. 나처럼 성폭력 피해를 알고 있더라도 그 고통을 잊고 지내다가 가장 평화로운 시기에 고통에 직면하기도 한다. 직면한다는 것은 그 전의 삶과 다른 삶을 살아야 한다는 것을 의미한다. 하지만 직면이 치유의 시작이라는 사실이 중요하리라.

내 인생에 가장 평온했던 그 시절로 다시 돌아가라고 한다면 나는 가지 않겠다고 단호하게 말할 것이다. 그 시기는 너무나 평온했지만 내 과거, 역사, 기억을 지우고 얻어낸 것이므로, 괴롭더라도 역사를 회복하는 앞으로의 삶이 더 중요하다고 여기기 때문이다.

과거의 아픔을 직면하고, 치유를 결심하고, 그리고 치유해 나가는 과정이 비록 성폭력의 고통보다 더한 고통일지라도, 그 길이 나를 회복해 가는 과정이다.

직면은 전쟁의 신처럼 나를 침범했지만 나를 회복하라는 신호였음을, 5년이 지난 지금에야 알아차리게 되었다. 그 사실에 감사한다.

내가 그때 그 꿈을 꾸게 된 것은 아마도 상처를 이겨낼 내면의 힘이 생겼기 때문이 아닐까 생각해본다. 이겨내지 못할 고통은 없다고 하지 않던가. 의식 뒤편에 숨겨왔던 고통을 드러내고 대면하며 살아갈 힘이 내 안에 있었기에 직면이 가능했으리라.

# 2
## 내 몸은 4월을 기억한다

해마다 3월이 오면 내 몸은 말썽을 일으킨다. 매년 짧게는 일주일, 길게는 보름씩 입원하는 일이 반복된다. 불면, 두통, 구토, 심장 두근거림, 호흡곤란. 매번 증세가 달라진다. 검사 결과는 항상 이상이 없다고 나온다. 의사는 스트레스성 같다는 말만 해준다.

그럼에도 불구하고 진통제 없이는 견딜 수 없는 통증에 시달리고 불면증이 심해 수면제를 처방 받고, 음식을 삼킬 수가 없어서 영양제에 의존한다. 1년에 서너 번은 응급실로 실려 가는 상황이다.

꿈을 꾸기 전에는 통증이 약했으나 꿈을 꾼 후에는 견딜 수 없는 통증이 반복되었다.

올해도 어김없이 4월이 왔다.

내 몸은 3월부터 통증을 호소한다. 통증은 4월이 오고 있다는 것을 알리는 신호가 되어버렸다.

참을 수 없는 두통, 어지럼증, 기나긴 불면. 잠을 이루지 못하고 10분 단위로 깨는 날이 한 달이 되어 간다. 머리는 항상 몽롱하고 일상을 견뎌내는 것조차 버겁다. 밥을 삼키는 것조차 힘들어 밥을 갈아 마시기까지 하는 일이 올해도 어김없이 반복된다.

몸을 피곤하게 하면 조금 좋아질까 싶어 대청소를 하고 겨울철 옷가지를 정리하고 어항을 청소하고 화분을 분갈이하면서 오늘도 분주하게 몸을 움직여본다.

자정을 넘긴 시간, 침대에 누워 잠을 청해보지만 뚜렷한 각성만 남는다. 머릿속에는 내 의지와 상관없이 기억들이 머문다. 생각을 잊기 위해 책을 읽어본다. 그러나 책 어디에도 내 마음이 닿지 못한다.

내 머리는 4월에 일어났던 폭력의 기억을 필름을 돌리듯 반복해서 재생한다. 하나에서 열까지 세세한 기억은 아니지만, 그때의 고통과 두려움이 세세하게 되살아난다. 세포 하나하나가 마치 그때의 고통을 견디고 있는 듯하다.

와인을 찾아 마시고 잠을 청해본다. 술기운에 조금 잠을 잔 듯하다. 깨어 보니 겨우 30분이 흘렀다. 몸은 피곤하다는 신호를 보내지만 역시 오늘도 기나긴 불면의 시간을 보내야 할 모양이다.

밥을 먹고 잠을 자는 평범한 일상조차 나에게는 허락되지 않고 있다.

내 마음과 상관없이 내 몸은 4월을 기억해낸다. 나에게 일어났던 4월의 그 사건을 내 몸은 해마다 반복해서 재생해낸다.

신체화장애(somatizing syndrome, 身體化症候群)라 불리는 이러한 증상은, 수 년간 나타나지만 내과적 소견이 없어 심리적 요인일 것이라고 추측된다.

내가 느끼는 통증이 '신체화증상'이라는 것과 그 원인도 알고 있지만, 여전히 고통에서 벗어날 길은 없어 보인다.

왜 시간이 한참 흐른 뒤에도 내 몸은 그날을 기억하는 것일까? 왜 내게는 일상의 평온함이 허락되지 않는 것일까? 아무리 질문을 해보아도 답을 찾을 수가 없다.

그나마 다행인 것은 처음 꿈을 꾸고 난 후 1년 동안은 두통과 불면으로 지새워야 했지만, 치유를 선택하고 상처를 보듬어주는 시간을 보내면서 1년에 한두 달 정도만 고통 속에 지내게 되었다는 점이다.

처음 치유를 결심하고, 잠만 잘 수 있으면 더 이상 바랄 것이 없겠다던 소망은 어느 정도 이루어졌다. 이제는 다른 사람들처럼 직장생활을 하고 잠을 자고 밥을 먹는 일도 가능하게 되었다.

올해도 어김없이 불청객처럼 찾아온 통증은 4월의 경험을 기억하고 스스로를 위로하라는 신호인 것 같다. 아직은 더 많이 나를 돌보고 아끼라는 신호로 받아들여야겠다.

이 글이 끝날 때쯤이면 기나긴 불면도 지독한 통증도 고통 없이 바라볼 수 있는 힘이 생기기를 바라본다.

◇◇◇◇◇◇◇◇◇◇◇◇◇◇◇◇◇◇

사람들에게는 저마다 기념일이 있다. 소중한 사람의 생일일 수도 있고, 애인과 만난 지 100일 되는 날일 수도 있다. 기념일이 다가오면 사람들은 그날을 멋지게 보내기 위해 여러 가지 준비를 한다.

나에게도 기념일이 있다. 잊으려고 노력해도 절대 잊을 수 없는 날. 그날이 다가오면 몸이 신호를 보낸다. 기념일이 다가오니 마음의 준비를 하고 있으라고.

그때가 4월이다. 나는 봄에 반복해서 피해를 경험했다. 나는 그 사건을 기억 저편에 깊숙이 묻어두었다. 그런데도 몸은 그것을 기억하고 있었다. 몸은 기억을 담아내는 그릇이라고 했던가.

내 몸이 고통을 호소하고 있다는 것을 느끼면, 나는 가능한 한 스트레스 받는 일을 피하고 내가 좋아하는 장소를 찾아간다. 슬픈 기념일이지만, 더 힘들어지지 말라고 몸이 미리 신호를 보내는 것이므로 최대한 안전함을 느끼는 곳에서 고통스런 기억이 흘러가도록 한다. 고통이 극에 달할 때, 이 또한 지나가리라는 것을 믿으려고 한다.

그래, 지금 몸이 느끼는 이 고통과 감정의 소용돌이.

이 또한 지나가리라.

기념일을 대비하는 것만으로 공포와 고통이 사라지지는 않지만, 그 고통 속에서 사는 법을 알아가는 것만으로도 훨씬 자율성을 회복한 느낌을 받는다.

# 3
## 첫 번째 강간에 대한 기억

초등학교 2학년 때 엄마를 따라 서울로 왔다. 방 한 칸을 마련하지 못해 엄마가 운영하는 식당에서 의자를 붙여놓고 잠을 자야 했다. 지독하게 가난한 시절이었다.

자동차공업사에 딸린 식당이었다. 학교가 파하고 집에 돌아오면 저녁때까지 자동차공업사에서 수리를 기다리는 차 안에 들어가 숙제도 하고 잠도 자고 놀기도 했다.

삭막한 환경이었다. 그나마 식당 앞 유원지에 가서 강을 바라보는 것이 큰 즐거움이었다.

식당을 자주 찾는 손님이던 그 남자가 유원지에 데려다 달라고 했다. 나는 4월의 싱그러운 강을 볼 수 있다는 생각에 앞장서게 되었다. 뚝섬유원지는 유독 그날따라 한가로워 보였다.

나는 강을 바라보고 앉아 있었다. 그 남자가 내 옆에 다가와 앉았다. 그 남자는 나에게 재미있는 놀이를 하자고 제안했다. 기분이 좋아지는 놀이라고 했다.

그 남자는 나를 끌어당기더니 가슴이라고 할 것도 없는 가슴을 혀로 빨기 시작했다. 기분이 어떠냐고 물었다. 나는 '별로'라고 대답한 것 같다. 이번에는 남자가 내 입에 혀를 집어넣고 핥기 시작했다. 여전히 기분이 좋지 않았다. 뭔지 모르겠지만 불쾌감이 밀려왔다. 그 남자를 밀어내려고 애를 썼지만 역부족이었다. 그 남자는 이렇게 물었다.

"어디가 더 기분이 좋아? 가슴이야 혀야?"

생생한 기억. 어디가 더 좋을 수가 있을까? 그 상황에서 어느 것이 더 좋을 수가 있을까?

"둘 다 별로예요."

그 남자는 내게 한 가지를 선택하라고 했다. 어른이 묻는 말에 대답을 잘해야 한다는 말도 했다. 나는 겁에 질려 차라리 가슴 쪽이 낫다고 했다. 그것 말고 다른 대답은 나에게 주어지지 않았다.

이런 상황에서 어떻게 해야 하는지 나는 알지 못했다. 어른들 말에 순종해야 한다고 배우기만 했지 싫다는 말을, 안 된다는 말을 해도 된다는 사실은 배운 적이 없었다. 그때는 성폭력 예방교육도 없었고, '노'라고 말하는 법을 알지도 못했다.

설령 내가 '노'라고 말을 했다면 상황이 달라졌을까? 겨우 9살이던 내가 '노'라고 말한다고 해서 그 사람이 행동을 멈추고 사과를 했을까?

내 기분이나 대답과 상관없이 남자는 나를 바닥에 눕혔다. 이내 치마 속으로 남자의 손이 들어왔다. 엄청난 통증이 밀려왔다. 내가 비명을 질렀으나 곧 그 사람의 혀가 그마저도 차단시켰다. 구역질이 났다. 구역질을 하는 입 속으로 그 남자의 커다란 성기가 들어왔다.

몸이 찢어지는 고통이 한동안 이어졌다. 죽을 것처럼 아팠다.

조금 후에 눈을 뜨니 아무도 없었다. 난 무서운 꿈을 꾼 것이라 생각했다. 하지만 너무도 선명한 통증과 토사물이 악몽이 아님을 알게 해줬다.

아파서 걸을 수가 없었다. 사람들이 많이 다니는 벤치로 기어가 한참을 앉아 있었다. 무슨 일이 일어난 것인지를 알기엔 너무 어린 나이였다. 그냥 그 남자가 나를 아프게 했다는 생각만 가득했다.

　저녁이 다 되어 가게로 갔다. 엄마 얼굴에는 아빠에게 맞아 생긴 멍 자국이 아직도 남아 있었다. 엄마에게 아무 말도 할 수 없었다.

　나에게 일어난 일이 무엇인지, 어떻게 불러야 하는지도 알지 못할 정도로 어린 나이였지만, 분명하게 느꼈던 것은 비밀로 해야 한다는 것이었다. 만일 이 일이 알려지기라도 하면 나는 비난받거나 더러운 사람으로 낙인찍힐 것이다. 그런 막연한 두려움이 마음속에 자리 잡고 있었다. 믿을 수 있는 사람, 나를 보호해줄 어른이 존재하지 않았다.

# 4
## 왜 맞았는가? 라는 질문은 어리석고 우습다

 어릴 적 나에게 집은 늘 무섭고 불안한 공간이었다. 언제 아빠가 엄마에게 폭력을 행사할지 알 수가 없었다. 특별한 일이 없어도 폭력은 느닷없이 발생했다. 폭력을 휘두르는 것도 중단하는 것도 오로지 아빠의 마음이었다. 누군가 집에 있거나 없는 것은 아무런 영향을 주지 않았다. 손님이 있어도 가부장이 아내를 구타하는 것은 조금의 흠이 되지 않는 듯했다. 지금도 나는 화가 난 사람의 눈치를 보는 습관이 있다. 아마 어릴 적부터 버릇이 되어 버린 듯하다.
 화창한 봄날, 오빠와 나는 야구방망이와 글러브를 가지고 놀고 있었다. 특별한 장난감이 없었던 우리에게 오빠가 생일 선물로 받은 야구방망이는 최고의 놀이기구였다.

당시 7살이던 나는 2살 터울인 오빠를 둔 탓에 동네 남자아이들과 어울려 딱지치기, 구슬치기, 야구 등을 즐겼다. 그날도 오빠와 야구를 하고 집에 들어갔을 것이다. 눈부신 햇빛이 세상을 평온하게 비추는 그런 날이었다. 소박한 밥상에 마주 앉아 우리 가족은 저녁을 먹었을 것이다. 가난하지만 평범한 그런 저녁을……

그런데 평온하던 일상이 순식간에 폭격을 맞은 듯 산산조각 났다. 아빠라는 사람이 야구방망이로 엄마를 구타하기 시작한 것이다. 4명이나 되는 우리 형제가 울며불며 매달렸지만 구타를 막을 수는 없었다. 가해자는 너무 강했고 우리 형제는 무기력하기만 했다. 아무 생각도 나지 않았다. 무조건 가해자에게 매달려 빌기만 했다.

폭력은 한동안 지속되었다. 우리 형제의 울음소리, 엄마의 악다구니와 비명에 찬 저항만이 가득했다. 가해자의 하얀 피부보다 더 하얀 러닝셔츠에 빨간 피가 묻고, 엄마의 저항이 멈춘 후에야 폭력은 정지되었다.

그날 폭력이 왜 시작되었는가는 기억도 나지 않는다. 원인은 중요하지도 않다. 크고 작은 육체적 구타는 일상적인 것이었고, 언어폭력은 매일 반복되었다. 반찬이 형편없다는 둥 남자를 무시한다는 둥 매번 수많은 이유가 만들어졌다. 내가 10대를 넘어가는 시기에는 내 치마 길이를 이유로 폭력을 휘두르기도 했다.

이유는 다를지라도 한 가지만은 명확하다. 가부장제에서 아내는 자신의 소유물이며, 아내를 때리는 것은 내 물건을 부수는 것처럼 사소한 일이라는 사실이다. 가부장이 휘두르는 가정폭력은 나에게 심한 트라우마를 남겼다.

내 머릿속에 사진처럼 박혀 있는 그날의 사건은 일상적으로 일어났던 다른 가정폭력보다 힘의 관계를 선명하게 인식하게 해주었다.

나에게 있어 폭력이란, 힘이 강한 사람이 힘이 약한 사람을 통제와 화풀이 수단으로 이용하는 것이었다. 어떠한 이유도 설명도 없이 나에게 일상적으로 일어날 수 있는 일이며, 어떠한 저항도 폭력의 강도만 높일 뿐 무의미한 것이었다.

그 사건 이후 나는 야구방망이를 가져다 버렸다. 더 이상 야구방망이를 들고 놀 수가 없었다. 그리고 엄마가 살해당할지도 모른다는 불안감에 두려웠다. 언젠가 엄마가 당한 만큼, 꼭 그만큼만 되갚아주고 싶다는 생각을 했던 것 같다.

집에서 아빠라는 사람이 사라졌으면 하는 바람이 있었다.

그 사람만 사라진다면 평범하고 행복한 가정을 꿈꿀 수 있을 것이라 여겼다. 그러나 그 바람은 시간이 흐르고 더 많은 상처를 남긴 후에, 한참 후에나 가능했다.

# 5
## 엄마가 사라졌다

 여덟 살 때 살던 집은 마당에 수도가 있었다. 우리 집까지 총 네 집이 마당을 함께 쓰며 생활했다. 그 집에 살던 내 또래 아이들과 함께 산으로 들로 다니면서 봄이면 쑥과 냉이를 캤다.
 엄마는 그 집의 길가에 있는 가게를 얻어 '선화정'이라는 술집을 시작했다. 예쁜 언니들이 있었고, 그 언니들이 어린 나에게 담배 심부름도 시키고 예뻐해 준 기억이 난다. 언니들이 피우던 담배를 또래들과 몰래 피웠던 기억도 난다. 장사가 잘됐는지 어땠는지 알 수는 없었지만, 짧게나마 배고프지 않았던 시절이었다.

어느 날 빚쟁이들이 가게로 몰려와서 살림살이를 때려 부수기 시작했다. 이유인즉슨 아빠라는 사람이 빚을 내어 가게에서 일하던 언니와 살림을 차렸고, 그 빚을 갚지 않았다는 거였다. 빚쟁이들의 행패가 한동안 지속되었다. 그 후로 엄마는 가게 문을 닫았다.

엄마는 며칠간 머리에 띠를 두르고 방에 누워 계셨다. 나는 엄마에게 한마디도 건넬 수 없었다. 하지만 아빠가 없는 상태가 차라리 평온하다고 느꼈다. 아빠가 바람이 나서 다른 여자와 사는 것이 더 좋았다. 아빠라는 사람이 집에서 영원히 사라져서 엄마가 더는 폭력을 당하지 않는 날이 오기를 바랐다.

며칠이 지나고 엄마는 고깃국에 따스한 밥을 해서 우리를 먹였다. 그러고는 돈을 벌어서 돌아오겠다며 집을 나가셨다. 사라져야 하는 가부장 대신에 엄마가 사라진 것이다.

엄마가 사라지자 아빠는 갑자기 성실한 가장 역할이라도 하려는 듯 집안을 살피기 시작했다. 속으로 잘되었다고 생각했다. 그 상황에서 쩔쩔매는 아빠가 고소하기도 했다. 집에 있는 시간이 많은 내가 밥을 짓고 집안일을 대부분 맡아야 했다. 학교에 도시락도 싸 갖고 다니지 못했다. 하지만 엄마가 돌아오지 않기를 열심히 기도했다.

1년 정도 엄마 없이 지냈다. 그러던 어느 날, 저녁을 준비하던 언니가 비명을 질렀다. 언니의 손가락이 칼에 절단되어 응급실에 가서 봉합수술을 받아야 했다. 그 사건이 있은 후 아빠는 엄마를 찾으러 간다고 했다. 나는 엄마에게 서툰 글씨로 편지를 썼다.

　엄마가 너무 보고 싶고, 사랑한다고. 엄마가 없어서 너무 슬프고, 언니도 다치게 되었다고. 엄마와 살고 싶다고 썼던 것 같다. 내 의도는 아빠가 아니라 엄마랑 살고 싶은 것이었다. 하지만 세상에 어디 의도대로 되는 것이 있던가!

　자식들을 차마 버릴 수 없었던 지독한 모성애 때문에 엄마의 독립은 얼마 지나지 않아 끝났다. 시골에서 서울로 독립한 엄마를 따라 오빠와 내가 서울로 먼저 전학을 하게 되었다. 아빠와도 다시 가족이라는 이름으로 한 집에서 살게 되었다.

　내 편지 때문이었을까? 내가 편지를 쓰지 않았다면, 그때 엄마에게 보고 싶다고 말하지 않았다면, 엄마의 독립은 가능했을까?

　그때 내가 편지를 쓰지 않았고, 엄마가 나를 서울로 데리고 오지 않았다면, 나에게 그런 일이 일어나지 않았을까?

　답을 알 수 없는 질문들… 헛된 바람뿐인 질문들을 나지막이 되뇌어본다.

# 6
## 가정이 좀더 빨리 해체되었더라면

점심 장사를 마치고 엄마는 내 손을 잡고 식당을 나섰다. 엄마와 나는 어떤 여자가 사는 집을 찾아갔다. 엄마는 그 여자와 한참 동안 이야기를 나누었다. 그러고 나서 우리는 가게로 돌아왔다.

다음 날 아빠가 식당으로 들이닥치더니 다짜고짜 엄마를 때리기 시작했다. 엄마가 나를 데리고 찾아간 집은 아빠라는 사람이 다른 여자와 살림을 차린 집이었다. 그 집에 찾아갔다고 엄마를 짐승처럼 때리고 있었다.

엄마가 입고 있던 옷이 찢어졌다. 엄마는 마치 고깃덩이처럼 이리저리 내쳐지고 발길질을 당했다. 가게에는 엄마와 나만 있었다. 너무나 무서워서 울음도 나오지 않았다. 그저 덜덜 떨기만 하고 있었다. 아빠가 손에 칼을 드는 모습을 보고서야 정신을 차리고 뛰쳐나가 다른 집 문을 두드렸다. 엄마를 살려달라고 소리 지르면서 엄마가 죽지 않고 살아 있기를 간절히 빌었다. 그 짧은 순간에 나중에 크면 꼭 아빠라는 사람을 죽여 버리겠다고 다짐했다.

다행히도 이웃 사람들의 도움으로 엄마는 구출되었다. 그러나 그 순간 나에게 있어 가족은 파괴당했다. 그 후로 난 가해자를 '아빠'라고 부를 수가 없었다. 나를 보호해줄 엄마가 아니라 내가 보호해야 할 엄마를 갖게 되었다. 안전한 울타리와 휴식처라는 가정은 존재하지 않았다. 집은 나에게 감옥이 되었다. 탈출하고 싶지만 내가 보호해야 할 엄마가 있기에 벗어날 수도 없는 감옥.

아빠라는 사람의 외도는 지겹도록 반복되었다. 외도 후에는 늘 엄마를 '더러운 년'으로 몰아붙이고 폭력을 휘둘렀다.

폭력은 이렇게 자신의 잘못을 덮고 가부장이라는 권위를 훼손당하지 않기 위해 저지르는 수단이기도 했다.

결혼제도 안에서 서로 성실해야 하는 의무가 남자에게는 '바람'이라는 이름으로 용서가 된다. 한국 남성의 34%가 외도 경험이 있다고 하고, 6가구 중 1가구에서 아내 구타가 일어난다고 하니, 우리 집은 평범한 가정이었다고 위안해야 할까?

성인이 되고도 내게는 가부장을 죽일 힘이 없었다. 그러나 1998년에 운 좋게도 '가정폭력방지법'이 제정되어 가해자를 집에서 몰아낼 수 있었다. 엄마를 폭행하는 아빠를 나는 경찰에 신고했고, 가정폭력방지법이 시행된 터라 아빠는 경찰서에 연행되었다.

아빠가 경찰서에 연행된 다음, 이혼을 거부하는 엄마에게 어릴 적부터 얼마나 아빠를 죽이고 싶어 했는지를 이야기했다. 내가 어른이 되면 꼭 아빠를 죽이겠다고 다짐했었노라고 엄마에게 털어놓았다.

나는 자식을 살인자로 만들지 말아 달라고 울면서 호소했다. 마침내 엄마는 이혼 소송을 했고, 다행히 승소했다. 부모님의 이혼은 아빠를 고소한 패륜적 딸과 자식을 살인자로 만들지 말라는 눈물 어린 호소가 만들어낸 엄청난 성과였다.

그런데도 아빠라는 사람은 자신의 잘못에 대해 이해하지 못했다. 자신이 무엇을 잘못했는지 전혀 모르는 사람 같았다. 아빠는 경찰에 신고했다며 나에게 욕설을 퍼부었다. 나는 그 비난과 욕설을 감당해야 했다.

가해자는 법적으로 방출되었음에도 불구하고 집에서 나가지 않았다. 그 후로도 3년 동안 나는 엄마를 모시고 병원에 가서 진단서를 끊고 경찰에 신고하는 일을 반복해야 했다.

부모님이 이혼한 후 나는 집에서 독립했다. 내 생일날 엄마의 전화를 받고 집에 갔다. 우리는 둘러앉아 함께 저녁을 먹고 있었다. 그때 아빠가 갑자기 들이닥쳐서는 "너희들만 입이냐? 너희가 날 언제 가장으로 대접했냐?"라고 하면서 엄마를 구타하기 시작했다.

내 신고를 받고 출동한 경찰에게 아빠는 '이건 아무것도 아니고 그저 우리 집안일일 뿐'이라고 항변했다. 나에게는 '아비를 신고한 파렴치한 년'이라고 욕을 해댔다. 나는 경찰에게 부모님은 이미 이혼하셨고, 이것은 집안일이 아니라 폭력사건이라고 설명했다. 한 번 더 이런 일이 생기면 구속된다는 경찰의 말이 효력을 발휘하여 아빠는 그날 새로운 집으로 옮겨갔다.

무엇이 가해자를 그리 떳떳하게 만들 수 있었을까? 풀리지 않는 숙제였다.

10년이 지난 어느 날 가해자가 다른 여자를 만나 폭력 없는 가정을 꾸리고 있다는 소식을 들었다. 가해자는 악마가 아니었을까? 가해자의 말처럼 엄마가 더러운 년이었을까? 폭력 없는 가정을 꾸리고 있다는 소식을 듣고 나는 참담했다. 너무도 혼란스러웠다. 할머니가 위독하다는 소식을 듣고 찾아간 병원에서, 가해자는 여전히 엄마에게 욕설을 퍼부었다.

무엇이 이 모든 불합리와 모순을 가능하게 하는 것일까? 한 여자의 일생을 망치고 네 자녀의 삶을 난도질한 그는 왜 혼자서만 평온한 삶을 누리고 있는 것일까?

> 가부장제 역할 규범에 충실하여 부부관계가 안정적이어도 관계가 불평등하므로 폭력이 발생할 확률이 높고, 역할 규범에 따르지 않아 불안정해도 그로 인한 갈등 때문에 폭력이 발생하게 된다. 결국 현재의 가족제도에서 아내 폭력은 극단적이거나 일탈적인 현상이 아니라 구조 자체에 내재해 있다.
> 
> — 정희진 《저는 오늘 꽃을 받았어요》

가해자가 새로 들어간 가정에는 성장한 자녀들이 있었고, 여자가 생계를 책임져주었기에 평등한 관계가 될 수밖에 없었을 것이다. 무엇보다도 '아비라는 권위', '한 집안의 어른'이라는 권위가 사라진 것이다.

내가 살던 가정이 조금 더 빨리 해체되었더라면, 가해자가 조금 더 빨리 피해자의 가정에서 추방되었다면, 아마도 내 삶의 많은 부분이 달라졌을 거라 추측해본다.

# 7
# 친족 성폭력,
# 지금도 누군가는 겪어내는 일

12살 되던 해 4월 어느 날, 아빠라는 사람의 생일이었다. 20여 년 동안 그는 엄마의 생일도, 자식들의 생일도 단 한 차례 축하해준 적이 없었지만, 당신의 생일에는 꼭 잔칫상을 차리게 했다. 생일상이 마음에 들지 않으면 어김없이 폭력이 발생하곤 했다.

그날도 마찬가지였다. 친척들이 집으로 왔고, 우리 형제들은 의무적으로 생일 축하 노래를 불렀다. 밤늦게까지 술자리가 끝나지 않았다.

나는 사촌동생들과 함께 우리 집에서 그리 멀지 않은 할머니 집으로 가서 잠을 자야 했다. 밤이 늦었고 잠이 들었다.

잠결에 이상한 느낌이 들었다. 눈을 떠보니 누군가가 내 옷을 벗기고 있었다. 지독한 술 냄새가 풍겼다. 어둠 속에서도 선명한 실루엣, 그리고 익숙한 모습. 잠은 이미 깼지만 그 상황을 어떻게 하면 벗어날 수 있을지 알지 못했다. 나는 죽은 것처럼 눈을 감고 몸에 힘을 주며 버텼다.

그러나 나의 저항은 그 상황을 정지시킬 수 없었다. 소리를 지르고 싶었지만 옆에서 사촌동생들이 자고 있었다. 너무도 두려웠다. 어떤 상황이 벌어질지 이미 알고 있었지만 그 상황에서 벗어날 수는 없었다. 지금 내게 일어나고 있는 일을 사촌동생들이 아는 것이 더 두려웠는지도 모르겠다.

삼촌은 나를 흔들어 깨우며 자신의 성기를 만지라고 했다. 내가 잠이 깼다는 것을 그가 눈치 챌까 봐 죽은 듯이 누워 있었다. 나를 흔들어 깨우던 삼촌은 내가 눈을 뜨지 않자 나를 일으켜 세워 자신의 배 위에 올리더니 이렇게 말했다.

지금도 너무나 생생한 그 목소리.

"괜찮아, 만져봐."

"괜찮아."

괜찮다는 말은 무엇을 의미하는 것일까? 무엇이 괜찮다는 것일까? 나는 그 어느 것도 괜찮지 않았다.

내 몸은 굳어졌다. 나는 두려웠고, 이 상황이 멈추기를 기도했다. 그러나 내 기도는 부질없는 것이었다. 내가 자신의 성기를 만지지 않자 삼촌은 내 성기를 만지기 시작했다. 두려움이 점점 커져갔다. 어떻게 해야 했을까? 내가 할 수 있는 것이 있기나 했을까?

그는 내 성기에 손가락을 넣었다 뺀 후 자신의 성기를 삽입하였다. 통증이 밀려왔다. 터져 나오는 비명을 입술을 깨물고 버텨보았다. 그는 내 몸을 자신의 뜻대로 움직이기 시작했다. 너무나 큰 고통에 비명을 질렀다. 내 비명소리에 사촌동생이 잠에서 깨 뒤척이는 소리가 들렸다. 삼촌은 아무 일 없었다는 듯이 나를 내려놓고 코를 골았다.

나는 옷을 챙겨 입고 밖으로 나왔다. 내 고통과 상관없이 세상은 너무나 평온해 보였다.

놀이터 그네에 앉아 한참을 혼자 울었던 기억이 난다. 지금도 선명한 그날의 밤바람 소리. 그리고 바람 따라 흔들리던 그네의 움직임. 그날의 고통은 바람이 부는 4월의 밤이면 더욱 생생하게 살아난다.

한참 후 사촌동생들이 놀이터로 나왔다. 그리고 나에게 물었다. 무슨 소리였느냐고. 난 악몽을 꾸었다고 대답했다. 차라리 악몽이었다면 좋았을 것을.

항상 밝은 웃음으로 우리 형제들을 잘 대해주던 삼촌이 어떻게 나에게 그럴 수 있는지 알 수가 없었다. 유일하게 다정했던 삼촌은 그 순간 악마가 되어버린 걸까? 밤새 놀이터에서 고민을 했던 것 같다.

　엄마에게 달려가 울고 싶었다. 너무 아프다고 투정 부리고 싶었다. 그러나 그럴 수가 없었다. 엄마는 맏며느리로 고된 시집살이를 하고 있었고, 무엇보다 남편이 휘두르는 폭력에 시달리고 있었다. 삼촌은 엄마와 우리 형제들에게 유독 잘했다. 나는 엄마가 유일하게 좋아하는 사람인 삼촌과의 관계를 깰 수 없었다. 막연하게 내가 오늘 일을 이야기하면 엄마가 더 힘들어질 것이라는 생각을 하게 되었다.

　그 뒤로도 삼촌은 아무 일도 없었던 듯이 우리 집에 드나들었다. 나는 가해자와 마주치기 싫었다. 내가 가해자를 피할 수 있는 유일한 방법은 가해자가 방문할 즈음에 집을 나가는 것이었다. 그 후로 나는 명절이 되면 짧은 가출을 반복했다. 어느새 나는 집안의 골칫거리가 되어버렸다.

　중학생이 되었을 때, 가해자가 결혼한다면서 신붓감을 집으로 데려왔다. 너무도 착해 보이는 그 여자에게 '저 사람은 어린 나를 강간한 파렴치한이다!'라고 말하고 싶었다.

　지금이라도 가해자를 처벌한다면 내 악몽과 불면이 사라질 수 있을까? 귓가에 맴도는 그 바람 소리가 이젠 고요해질 수 있을까? 환청처럼 나를 괴롭히는 그네 소리가 더 이상 나를 괴롭히지 못하게 할 수 있을까?

가해자를 처벌하고 싶지만 이미 너무 많은 시간이 흘러버렸기에 내가 할 수 있는 일은 아무것도 없다고, 법은 친절히 안내해준다.

가능하다면 물어보고 싶다. 12살 어린아이인 내가 안전하다고 여기는 할머니 집에서 왜 그런 피해를 경험해야 했는지, 열두 살 어린 조카가 성적 대상이 될 수 있었는지, 만약 삼촌이 정신병자였다면 왜 나에게만 그런 짓을 저질렀는지….

한국성폭력상담소 상담통계에 따르면 성폭력 가해자의 80%가 아는 사람이고, 친족에 의한 성폭력은 12%에 달한다고 한다. 아동 성폭력의 경우 대부분 피해자나 가해자의 집에서 폭력이 저질러진다. 나에게 일어났던 그 모든 불합리한 일이 지금도 누군가는 겪어내는 일인 것이다.

# 8
# 안전한 곳은
# 존재하지 않는지도 모른다

 4월의 악몽과 상관없이 시간은 흘렀고, 나는 13살이 되었다. 1년이라는 시간은 조금 나를 회복시켜 주었다. 질긴 생명력으로 하루하루를 견뎌내는 것에 익숙해지고 있었다.
 스승의 날이 지난 어느 날이었다. 그날도 다른 날과 다름없이 학교도서관에 가기 위해 아침 일찍 등교를 했다.
 학교는 작은 야산 위에 위치하고 있었다. 서울인데도 신생학교여서 한 학년에 네 반만 있는 작은 학교였다. 학교 가는 길은 두 가지가 있었다. 조금 멀리 돌아가는 길에는 집들이 있었고, 학생들이 많이 다니는 길에는 집이 없었다. 대다수 학생들처럼 나도 인가가 없는 지름길로 학교에 오고 갔다.

이른 아침이어서 풀잎에는 이슬이 맺혀 있었다. 눈부시게 밝고 아름다운 아침이었다.

황토색 점퍼에 청바지를 입고 있는 한 남자가 보였다. 동네 주민처럼 보였다. 땅을 보며 걷고 있는 나에게 그 남자가 지나치듯 물었다.

"야, 너 보지에 털 났냐?"

나는 깜짝 놀라 고개를 들고 그를 쳐다보았다. 그 사람은 위협이 느껴질 만큼 험악하게 생겼어야 했다. 그러나 그냥 평범하게 생긴 아저씨였다.

당혹스러웠다. 무슨 소리지? 순간 온몸에 소름이 확 끼쳤다. 빨리 그 자리에서 벗어나고 싶었다. 발걸음을 빨리 옮겼다.

갑자기 그 남자가 주먹으로 내 얼굴을 가격했다. 한 손으로는 나를 붙잡고 소리를 쳤다. 반항하면 때린다고 위협했다.

"너 보지에 털 났냐고?"

대답하라고 다그쳤다. 대답하지 않으면 또 주먹이 날아올 것 같았다. 겁이 났다. 대답하고 얼른 그 자리에서 벗어나고 싶었다.

나는 두려움에 떨며 대답했다.

"아니요."

그 대답으로 나는 거기서 벗어날 수 있을 줄 알았다. 그러나 상황은 내 의지와 상관없이 흘러갔다. 13살짜리 여자아이가 할 수 있는 일은 아무것도 없었다.

그는 나를 끌고 등굣길 옆에 있는 등산로 입구로 향했다. 소리를 지르고 싶었으나 내 입은 두려움에 이미 마비되었고 목소리도 나오지 않았다. 소리를 지른다 한들 아무도 없을 것이 자명했다.

얼마 가지 않아 방공호가 나타났다. 그 남자는 방공호로 나를 밀어 넣었다. 눈이 어둠에 익숙해지자 내부가 눈에 들어왔다. 두려움 속에서도 나는 주변을 살폈다. 방공호에는 술병이 어지러이 놓여 있었고, 바닥에는 박스가 깔려 있었다. 어둡고 퀴퀴한 냄새로 인해 공포감이 더욱 커졌다. 무엇보다 폭력이 가해질까 두려웠다. 엄마가 맞는 모습을 지겹도록 보며 자란 탓에 나는 누구보다도 폭력에 대한 공포가 심했다.

그 남자는 나를 박스 위로 밀쳤다. 그러고는 너무나 익숙하게 내 옷을 벗겼다. 나는 두려움에 눈을 감고 있었다. 무슨 일이 일어날 것인지 나는 이미 알고 있었다. 빨리 끝나기만을 기다렸다.

아무 소리도 들리지 않는다. 밖은 너무도 적막하다. 이 남자가 나를 죽여준다면 좋겠다고 생각한다. 또다시 그 긴 시간을 고통에서 보내고 싶지 않다. 어차피 죽고 싶었던 삶이니. 죽으면 고통이 끝날까? 머릿속은 온통 죽음에 관한 생각뿐이다.

그 남자의 혀가 오랜 시간 내 몸을 탐한다. 역겹고 더럽다. 남자는 내 작은 몸에 자신의 페니스를 밀어 넣는다. 허벅지 안쪽에서 불에 덴 것처럼 통증이 느껴진다. 비명을 지르는 것조차 수치스럽다. 입술을 깨물며 비명을 참으려고 하니 비릿한 피 맛이 느껴진다. 좀 전에 남자의 주먹에 맞아 입술이 터진 모양이다.

그 남자의 숨소리가 방공호를 가득 메운다. 너무나 적막해서 숨소리가 더 크게 들리는 듯하다. 남자의 숨소리가 '너는 하찮은 존재야'라고 말하는 것 같다. 역한 기운이 몰려온다. 토하고 싶다. 정신이 희미해진다. 조금 지나면 죽을 수 있을 것 같다.

오랜 시간이 지난 것처럼 느껴졌다. 고통이 느껴지지 않았다. 나는 정신을 잃은 것이다.

얼마나 시간이 흘렀을까. 정신을 차리고 눈을 떠보니 나 혼자 누워 있었다. 옷을 챙겨 입고 밖으로 나왔다. 등교하는 친구를 만났으니 아마도 한 시간은 족히 흐른 듯하다.

나는 발길을 돌려 집으로 향했다. 집에는 항상 그렇듯이 아무도 없었다.

  옷을 입은 채로 욕실로 들어가 샤워기를 틀었다. 통증이 느껴졌다. 빌어먹을! 나는 아직 살아 있었다. 튼튼한 신경줄은 끊어지지 않았고 나는 미치지도 않았다. 그 뒤로 일주일간 학교에 가지 못했으나 아무도 내 변화를 알아채지 못했다.

  더 이상 학교도 나에겐 안전한 곳이 아니었다. 아니, 안전한 곳이란 존재하지 않는지도 모른다.

# 9
# 25년 전의 어린 나를
# 만나러 가다

기억들은 제각기 다른 상황에서 떠오른다.
관계가 안전하다는 확신이 들 때 비로소 기억이 떠오를 수도 있고,
막 이혼을 하고 이제 모든 문제가 풀려 나갈 즈음 기억이 떠오를 수도 있다.
또는 어른이 된 뒤 강간이나 다른 공격을 당하자
어린 시절에 당한 성폭력이 기억나곤 한다.
- 로라 데이비스, 엘렌 베스《아주 특별한 용기》

왜 삼촌에 대한 기억이나, 아홉 살 때의 기억이 아니었을까? 꿈은 왜 나를 열세 살로 안내했을까? 왜 처음 겪은 폭력이 아닌, 열두 살 삼촌에게 당한 기억도 아닌, 그곳으로 나를 데리고 갔을까?

꿈이 안내해준 열세 살의 기억. 왜 그 사건이 두려움과 고통으로 나를 지배하는 것일까? 죽음과 마주하는 느낌. 그 꿈은 어떤 의미였을까?

꿈을 꾸고 4년이 넘는 시간이 흘렀다. 내가 당한 피해를 기

록하기로 마음먹은 후 실제로 기록을 하기까지 꼬박 3년의 시간이 필요했다. 떠오르는 기억만으로도 충분히 죽을 것 같았으므로 그 사건을 이야기할 수 있게 되기까지 한참의 시간이 필요했다.

힘들 거라 예상하면서도 기록을 해야겠다고 마음먹은 것은, 이제는 그 피해를 인정하기로 결심했기 때문이다. 또한 내 삶을 흔들고 있는 그 기억에서 조금은 거리를 두고 싶었다. 그 사건은 단순히 25년 전 기억이 아니라 여전히 내 삶을 관통하고 있었다. 단 하루도 자유로울 수 없는 기억에서 이제는 자유로워지고 싶었다.

그곳을 찾아가기로 결정하고 1년이 흐른 후, 마침내 실행을 해보기로 했다. 그곳에 가면 그 악몽에서 벗어날 수 있을 것만 같았다. 무엇보다 25년 전의 고통을 토해낼 수 있으리라 생각했다. 그날의 고통을 찾아내 어린 내가 받았을 고통을 위로하고 싶었다.

그 장소를 찾아가면 과연 내가 견뎌낼 수 있을까? 과연 살아낼 수 있을까? 두려웠다. 함께 가줄 안전한 사람이 있어야 했다. 25년 전의 고통에 잠식되지 않도록 나를 잡아줄 사람이 필요했다. 내가 울지 않고 버틸 수 있을 만큼 거리감이 있는 사람이어야 했다. 어설픈 위로 따위를 하지 않을 사람이 필요했다.

또 뭐가 필요할까? 카메라! 그 장소를 찍어야겠다. 그리고 그 사진을 태우리라. 그렇게 25년 전 나를 태워버리리라. 어린 나를 이제는 놓아 보내리라.

그 장소에서 빨리 벗어나야 하니 차도 있어야겠다. 혹시 모르니 손수건도 준비하자. 충분히 애도하리라. 가장 중요한 것은 신경안정제. 무너지지 않으리라.

실행을 결심하고, 한 달을 준비했다. 준비하는 한 달 동안 요동치는 감정을 감당해야 했다. 두려움, 공포, 몸의 통증, 악몽.

그러나 피해를 입은 장소를 찾아가면 그 고통을 마주 대하는 힘이 생길 것이라고 여겼기에 힘들어도 포기할 수 없었다. 살기 위해 꼭 필요한 일이기도 했다.

머릿속에서 그 장소를 마주 대하는 연습을 한 달 동안 수백 번 반복했다. 생각만으로도 눈물이 나고 두려웠다. 약속한 날이 다가오자 도망치고 싶었다.

약속 전날은 못 가겠다고, 난 할 수 없다고 전화를 할까, 몇 번이나 망설였다. 전화기를 몇 번이나 만지다가 눈에 보이지 않는 곳에 치워버렸다. 약속한 시간이 다가올수록 더 두렵고 불안해졌다. 잠을 이룰 수가 없었다.

태어나 처음으로 나에게도 내일이 있었으면 하는 바람을 가졌다. 나에게 단 하루만 주어지더라도 나는 그곳에 가보리라. 포기해서는 안 된다는 생각이 들었다. 25년 전의 일을 기록하기 위해서는 그 두려움에서 벗어나야 했다.

약속한 날이 되었다. 그날도 오늘처럼 맑은 날이었지. 아무도 불행하거나 우울하다 여기지 않을 그런 맑은 날. 삶이 나를 배반했듯 날씨마저도 배반했던 날.

그곳에서 가해자를 마주치면 어떻게 하지? 열세 살의 나처럼 두려움에 얼어붙어 움직이지 못하면 어떡할까? 난 여전히 열세 살에서 벗어나지 못하고 있었다.

차는 어느새 악몽의 장소에 다다르고 있었다. 이미 수업이 시작된 시간이었으므로 등굣길은 조용했다. 그날은 이른 아침이라 고요했는데…. 천천히 그곳을 향해 다가갔다. 꿈에서 본 그곳으로.

그 사건이 있은 후 열세 살의 기억은 나에게 존재하지 않는다. 그날 이후 학교에 어찌 다녔는지, 내가 늘 파고들던 학교 도서관은 어디에 위치해 있는지, 운동장은 크기가 얼마나 되고 학교 교문은 어떤 모양이었는지, 누구랑 어울렸는지 하나도 기억이 없다.

열두 살 때 중간고사에서 틀린 문제와 등수는 다 기억이 난다. 그런데도 열세 살의 기억은 아주 까마득하다. 내가 졸업은 한 것일까?

그러나 학교로 가던 그 산길은 너무도 생생하다. 그 오르막길, 돌 계단의 느낌, 거리감. 그리고 등산로의 철문까지. 그곳은 너무도 생생하게 고통과 함께 내 기억 속에 각인되어 있다. 그곳을 생각하는 것만으로도 너무나 두려웠기에 나는 오랜 시간 그 기억을 닫아 두었다.

집에서 학교로 가는 큰 도로 옆 인도를 따라가다 보면 학교 팻말이 보이는 산 아래에 도달할 수 있었다. 오른쪽으로 꺾어 들어가면 적막한 산길이 이어졌다. 길은 시멘트 바닥으로 이루어져 있었고 인도와 차도가 구분되어 있지 않았다. 길 양옆으로 한쪽에는 산으로 이어지는 등산로가 있었고, 다른 한쪽에는 산을 깎았다는 것을 알려주듯 절벽이 있었다. 산 가운데를 파서 길을 만든 것이다. 산 아래에서 학교까지 그 길을 따라 걸어가면 15분 내지 20분은 족히 걸렸다.

25년 만에 다시 찾은 그 공간. 그러나 그곳은 더 이상 존재하지 않았다.

모든 것이 변해 있었다. 산은 벌써 아파트 단지로 바뀌었다.

등산로도, 그 안에 있던 방공호도 존재하지 않았다. 시간은 그렇게 흘러가 버린 것이다.

단 한 번도 그곳이 변했을 것이라고 생각지 못했다. 상상만으로도 두려운 곳이므로, 흉측하게 내 기억에 선명하게 남아 있는 곳이므로.

나는 열세 살을 살고 있는 서른여덟의 몸을 가진 괴물이 되어 있었지만, 세상은 내 고통과 상관없이 변하고 성장하고 있었다. 오직 나만 25년 전에 갇혀 있었다는 사실을 확인할 수 있었다.

25년 전의 나를 만나서 꼭 해주고 싶은 말이 있었다. 그것은 네 잘못이 아니라고, 네가 도망치지 못했다 하더라도, 설령 소리조차 지르지 못했더라도, 네가 강간당할 이유는 없었다고 말해주고 싶었다. 오랫동안 혼자 두어서 미안하다고, 이제야 너를 만나러 왔다고, 미안하다고 말하고 싶었다.

함께 동행해주신 분의 말처럼 과거는 사라졌다. 언젠가는 상처 없이 과거를 마주 대할 수 있는 날이 올 수 있을까?

◇◇◇◇◇◇◇◇◇◇◇◇◇◇◇◇◇◇

강간당한 곳에 왜 가고 싶었는지 명쾌하게 설명하지는 못하겠다.

다만 잃어버린 기억을 찾고 싶었다.

과거의 경험을 바탕으로 현재의 삶을 꾸리고 미래를 계획하는 역사성을 가진 존재라고 느끼는 것이 중요하다고 믿기에 기억을 찾는 것은 내게 꼭 필요한 일이었다.

그곳에 다녀오고 나서 밀려오는 피로감을 감당하기 힘들었다. 마라톤을 마친 사람처럼 나는 녹초가 되었다. 잠이 밀려왔다.

집에 도착해서 함께 동행해준 분에게 '나 아직 살아 있어요.'라고 문자를 보냈다. 그 장소에서 주저앉아 울지도 않았고, 무서워서 도망치지도 않았다. 그것만으로도 다행이라고 여겼다. 그래, 죽을 것 같은 공포를 느낀다고 해도 그 공포가 나를 죽음으로 몰아가지는 못할 것이다.

나를 괴롭히던 불면증도 그날은 나타나지 않았다. 나는 깊은 잠에 빠졌다.

다시 꿈을 꾼다.

꿈속에서 나는 강간을 당하고 있고, 그 모습을 내가 지켜보고 있다. 죽을 것 같은 공포가 느껴진다. 그때 누군가가 지나간다. 강간당하는 나를 못 본 것처럼 지나친다. 절망스럽다. 그 순간 누군가가 강간당하는 나에게 다가와 손을 내민다. 그 손을 잡는 순간 나는 꿈에서 깨어났다.

이상하게도 처음 꿈을 꿨던 그날처럼 무섭지가 않다. 눈물을 흘리지도 않는다. 이 꿈은 무슨 의미일까?

중요한 것은 나는 지금 혼자서 오롯이 강간의 고통을 감당해야 하는 어린아이가 아니라는 사실이다. 누군가는 내 피해를 듣고 외면할 수도 있겠지만 누군가는 내 손을 잡아주고 위로와 지지를 건넬 수도 있을 것이다. 혼자가 아님을 확인하는 순간 내 고통이 조금은 가벼워지겠지. 지금 나는 어릴 적의 나보다 훨씬 더 강해졌다.

가까운 사람에게 내 이야기를 시작해야겠다. 설령 감당하지 못하고 그 사람이 그냥 지나치더라도, 내 입에서 그 끔찍한 사건이 터져 나오는 순간 치유가 가능하다는 사실을 나는 알고 있다.

> 자신의 말이 다른 사람들에게 들리지 않는다는 것은 생존자에겐 자신이 다른 사람들에겐 존재하지 않는다는 것을 의미한다. 이전의 자아는 벌써 죽었기 때문에, 살아남은 자아가 존재하기 위해서는 그것이 알려지고 인정받아야 할 필요가 있다.
> – 수잔 브라이슨 《이야기해 그리고 다시 살아나》

자신의 피해를 증언한다는 것은 다시 살아내기 위해 반드시 필요한 일임을 알고 있다. 내 피해를 증언하는 것은 재개발로 인해 그 공간이 재편되었듯이 내 기억 속의 사건들도 새롭게 자리 잡게 하기 위함이다.

10

## 오늘은 상담을 받으러 가는 날이다

 꿈을 꾸고 난 뒤 나는 한 여성단체 상담소를 찾아갔다. 그 단체의 소개로 상담선생님을 만나 여전히 상담을 진행하고 있다. 중간에 중단하기도 하고 도망치기도 했지만 아직 상담 중이다.

 페미니즘을 알고 나서야 나에게 일어났던 일들이 내 잘못이 아님을 알게 되었다. 나뿐만이 아니라 많은 여성들이 나와 같은 경험을 하고 있다는 사실도 알게 되었다.

 그 후 죄의식이나 스스로를 가두어 두었던 편견에서 벗어날 수 있었지만, 계속되는 불면과 두통, 우울감이 나아지지는 않았다. 원인을 찾았다고 해서 오래된 마음의 상처가 깨끗이 낫지는 않았다. 회복하기 위해서는 상처를 안고 있던 시간만큼, 아니면 그 이상의 지난한 시간을 보내야 하는 것인가.

오늘은 상담을 받으러 가는 날이다. 상담을 받는다는 것은, 여전히 내가 정상이 아니고 괜찮지 않다는 것을 인정하는 것 같아 싫을 때가 있다. 무엇보다도 여전히 상담 시간 대부분을 눈물로 보내야 하는 것이 싫다. 언제쯤이면 울지 않고 이야기할 수 있을까?

상담을 시작하고 처음에는 "나는 강간을 당했어요."라는 말밖에 입 밖으로 내지 못했다. 그러다가 서서히 내 기억들을 하나하나 세세하게 이야기하기 시작했다. 운이 좋게도 지금은 안전하게 지지를 받으며 그 고통을 기록하고 있다.

집에서 상담소까지 지하철로 족히 2시간은 걸린다. 그 시간 동안 좋아하는 음악을 들으며 안정을 취하기도 하고, 좋아하는 책을 읽기도 한다.

앞자리에 어린아이가 엄마와 나란히 앉아 웃고 있다. 왠지 가슴에 아련한 통증이 느껴진다. 나도 저 나이 때 저런 웃음을 지을 수 있었을까? 기억이 없다. 나에게도 즐거운 일상이 있었을 터인데 이상하게도 좋았던 기억은 하나도 없다. 아이들의 해맑은 웃음을 지켜줄 수 있는 세상이 되었으면 하는 바람을 가져본다.

갓난아기를 안고 있는 젊은 엄마의 모습에 눈이 시리다. 젊고 아름답고 생기 있어 보인다. 환한 미소로 아기를 내려다보는 엄마의 눈이 너무도 선하다.

나에게도 아이가 있으면 좋겠다. 온전히 나에게 의지하며 내가 헌신할 수 있는 새 생명.

어릴 때, 그러니까 상처 입지 않아 아직 미래를 꿈꿀 수 있던 시절에, 나중에 어른이 되면 아이들을 많이 낳아 살뜰히 보살피면서 살고 싶었다.

삼촌한테 폭행을 당한 후 아이를 낳을 자궁도, 아이에게 젖을 물릴 젖가슴도 다 더럽혀졌다고 생각했다.

내가 조금 더 일찍 페미니즘을 만나고 죄의식에서 벗어났다면, 나를 닮은 생명을 잉태하는 일이 가능했을까?

미소를 지으며 아기를 쳐다보고 있자니 아기 엄마가 말을 건넨다.

"이제 백일 지났어요. 여자아이인데 장군감이라고들 하네요."

아기 엄마는 사랑이 가득 담긴 미소로 아기를 쳐다본다.

나도 누군가에게 소중한 생명이었던가? 나도 누군가를 온전히 사랑할 수 있는 존재였던가? 눈물이 나려고 해서 아기와 젊은 엄마에게 눈인사를 건네고 한 정거장 전에 내린다. 걸어가기엔 더운 날씨지만 차라리 걷는 편이 낫겠다 생각한다. 이놈의 눈물은 마르지도 않아. 아무 때나 터져 나와서는 쉽게 멈추지도 않는다.

오전 10시. 출근 시간이 끝난 종로 거리는 한가롭다. 밤의 화려함도 소란스러움도 분주함도 높은 빌딩들이 다 삼켜버린 듯하다.

오늘은 무슨 이야기를 해야 할까? 오늘은 엄마 이야기를 하기로 했는데, 이야기를 꺼내면 또다시 무너질 것 같다. 딴 이야기를 하고 싶다고 생각한다.

내가 좋아하는 인사동 길로 접어든다. 고등학교 때부터 갤러리에 들어가 그림 보는 것을 좋아했다. 골목 하나하나 세세하게 기억할 정도로 익숙한 길. 20년의 세월이 지났어도 이 거리에는 예전 풍경이 남아 있다. 익숙한 거리와 낯익은 건물에 마음이 편안해진다.

상담소가 가까워지자 다시 마음이 무거워진다. 엄마 이야기를 해야 한다는 사실이 나를 더 힘들게 한다.

지금까지 몇 번이나 상담선생님을 만난 것일까? 내일에 대한 기대가 없다 보니 숫자를 적립하는 데 익숙하지 않다. 마흔 번은 넘은 것 같다. 앞으로 얼마나 더 지속해야 하는 것일까?

편안하게 반겨주는 선생님을 따라 상담실로 들어간다. 때로는 내가 겪은 고통을 당신이 알 수 있겠냐며 상담선생님에게 비아냥거리기도 한다. 내가 그 사건을 통해 잃어버린 것이 무엇인지, 내 고통이 어떤지 당신 같은 잘난 여자는 모른다고 심술도 부려본다.

하지만 나는 선생님이 한없이 고맙다. 세상 그 누구보다 나의 내밀한 이야기를 많이 알고 있고, 나의 회복을 누구보다 기대하고 있는 사람일 것이다.

상담은 둘이 함께하는 공동 작업이다. 나 못지않게 선생님도 노력하고 있다는 것을 잘 알고 있다. 힘든 과정이지만 꼭 필요한 과정이라는 것도.

성폭력 생존자들이 상담사에게 2차 가해를 경험하고 상담을 포기하는 경우를 많이 봤다. 그러고 보면 나는 좋은 상담사를 만났으니 운이 좋은 편이다.

오늘은 더 눈물이 멈추지 않는다. 엄마! 너무나 불행한 엄마의 삶이 가여워서 견딜 수가 없다. 한편으로는 엄마가 나에게 가한 폭력과 방임을 용서할 수가 없다.

상담을 시작하면서 엄마도 상담을 받을 수 있으면 좋겠다고 생각했다. 내가 좀 더 괜찮아져서 엄마의 폭력을 견뎌낼 수 있는 힘이 내게 생기면 좋겠다고 생각했다. 그렇게 엄마와 관계를 회복하고 싶었다.

나는 엄마가 어찌 살았는지 알기에 엄마를 원망하는 것조차 죄의식이 든다. 그런데 그런 엄마를 5년째 만나지 못하고 있다. 2년만 시간을 달라고 청했는데 5년이나 시간이 가버렸다.

여전히 엄마는 나에게 상처를 준다. 살면서 엄마에게 욕설과 저주스러운 말을 수도 없이 들었다. 그리고 '너 때문에 참고 살았으니 네가 내 인생을 보상해야 한다'며 내 삶을 마음대로 흔들려고 했다. 내가 그 회오리에서 벗어나는 방법은 엄마를 만나지 않는 길밖에 없었다. 어쩌면 여전히 엄마 맘에 들지 않는 못난 딸인 것이 더욱 아픈지도 모르겠다.

어젯밤 꿈에서도 엄마는 나에게 욕설을 퍼부었다. '남들 다 하는 결혼도 못하는 년', '가르쳐 놓았더니 사람 구실도 못하고 일생 폐만 끼치는 년'이라고. 꿈속에서 들은 말이 너무 익숙해서 화살처럼 날아와 박힌다.

약속된 2시간이 다 돼 가는 모양이다. 상담실 밖에서 다른 내담자의 목소리가 들려 나는 서둘러 말을 정리한다.

지난번 상담에서 나는 이런 말을 했었다. '상담실에서 내 고통을 이야기하다가 미처 그 감정에서 빠져나오지 못하고 상담실을 나오면 선생님에게마저 버림받은 듯한 느낌을 받는다. 나 혼자 그 고통 속에서 헤매고 있는 느낌이다.' 그 말이 걸리는지 선생님이 서두르는 나에게 괜찮겠냐고 묻는다. 나는 괜찮다고 대답하고 얼른 일어선다.

밖으로 나오니 쨍한 햇살에 눈이 부시다. 눈부신 6월의 햇살. 그런데 너무 많이 울어서인지 안개가 낀 것처럼 온통 뿌옇다. 눈이 아프다. 마치 오랜 시간 등산을 한 것처럼 온몸에 피로감이 밀려온다. 쉬고 싶다.

지하철을 타기 위해 걷다가 커피숍으로 찾아든다. 비싼 커피에 돈을 쓰지 않겠다고 마음먹었지만 조금 쉬어야 집에 갈 수 있을 듯하다. 오늘은 힘들었으니 맛있는 커피 정도는 스스로에게 선물해줘도 괜찮다고 생각한다. 아메리카노에 샷을 추가한 커피를 주문하고 기다린다. 진한 커피가 피로를 조금 견디게 해주리라.

집에 가면 늘 그렇듯이 그대로 잠들 것이다. 내일 아침이 돼야 정신을 차리겠지. 이렇게 하루를 잠으로 보내는 것이 싫다는 생각을 한다. 상담을 하는 것은 여전히 많은 에너지를 필요로 한다.

상담을 받는 것이 쉬운 일은 아니지만, 상담선생님 말씀처럼 고통이 나를 지배하지 않는 날이 올 거라 믿기에 나는 다음에도 상담실로 향할 것이다. 또다시 꺼내기 싫은 이야기를 하고 지친 마음과 몸으로 집으로 돌아갈 것이다. 앞으로 몇 번을 반복해야 하는지 알 수는 없지만 나는 아주 조금씩 내 삶을 회복시켜 갈 것이다.

# 11
# 강간당한 여자는 어떻게 살아야 하나?

> 트라우마 생존자의 목표는 무엇일까? 궁극적으로 트라우마를 초월하는 것도
> 아니고, 트라우마 희생자가 겪는 생존자의 딜레마를 푸는 것도 아닌
> 단지 견디어내는 것이다. … 그저 견디어내는 것은 너무도 힘든 일일 수 있다.
> 트라우마에서 살아남은 사람들은 '나는 더 이상 살 수 없을 것 같아.
> 나는 살아야만 해'라는 매일 매일 반복되는 바케트적 딜레마를 푸는 것이
> 얼마나 자신을 지치게 하는 일인지 잘 이해한다.
> – 수잔 브라이슨 《이야기해 그리고 다시 살아나》

할머니가 살던 집으로 이사를 가게 되었다. 집에 혼자 있으면 그날의 악몽이 세세히 기억이 나고 공포가 찾아왔다. 그 목소리가, 술 냄새가 집에 가득 차 있는 듯했다. 피해 장소에서 밥을 먹고 잠을 자야 한다는 것이 나에게는 너무나 큰 고통이었다.

이른 아침 시간, 일어나자마자 학교로 갔다. 학교 교문이 열리기도 전에 학교에 도착했다. 학교도서관에서 닥치는 대로 책을 읽었다. 밤늦게까지 도서관에서 살다시피했다. 학교도서관만은 나에게 안전한 도피처라고 여겼다.

나는 점점 말수가 줄어들었고, 더 이상 친구들과 어울리지도 않았다. 어울릴 수가 없었다. 사람들과 눈을 마주치고 대화하는 것이 두려웠다. 나에게는 그 누구도 알아서는 안 되는 비밀이 생긴 것이었다.

누군가가 나를 바라보면 내 몸이 더럽혀진 것을 들켜버리기라도 할 것 같았다. 누가 알려주지도 않았는데, 성폭력으로 인해 몸이 더럽혀진다는 사회적 편견을 나도 모르게 받아들이고 있었다. 매일 내 몸을 닦아내도 그날의 역한 술 냄새가 내 몸에 배어 있는 것만 같았다. 하루에도 몇 번씩 내 몸에서 술 냄새가 나는지 확인했다.

나 자신이 싫어서 견딜 수가 없었다. 어리석게도 날마다 죽고 싶다는 생각만 했다. 문득문득 귓가에 삼촌이 했던 '괜찮다'는 말이 맴도는 순간이면 미쳐버릴 것 같았다.

그냥 이 세상에서 사라지고 싶었다. 나에게 내일이 오지 않기를 날마다 기도했다. 유일한 목표는 더 이상 세상에 존재하지 않는 것이었다.

나처럼 강간당한 여자는 어찌 살아야 하는지 알고 싶었다. 왜 나에게 그런 일이 일어났는지 알아야 견딜 수 있을 것 같았다. 누군가에게 질문할 수 없는 일이기에 책을 찾아 읽기 시작했다.

위인전을 탐독했다. 나처럼 강간당한 여자도 훌륭한 삶을 살 수 있는지가 궁금했다. 한때는 판검사가 되어 폭력을 휘두르는 나쁜 사람들을 다 잡아 가두고 싶다는 생각을 했었다. 그러나 위인전에서 강간당한 여자는 찾아볼 수 없었다. 강간당한 여자가 훌륭한 사람이 되었다는 기록은 어디에도 없었다.

소설책을 읽기 시작했다. 소설에 등장하는 여성들은 이 상황을 어떻게 극복했는지 알고 싶었다. 책 속에 등장하는 강간당한 여자들은 다 미쳐버리거나 창녀가 되었다. 《헬로우 미미》가 그러했고, 《은마는 돌아오지 않는다》도 그러했다. 지금은 제목도 기억 나지 않는 수많은 책 속에서 강간당한 여자는 너무나 불행했다.

도서관의 책을 다 읽어도 답을 찾을 수가 없었다. 아무도 어떻게 살아야 하는지 알려주지 않았다. 아동 성폭력에 관한 책도, 페미니즘 서적도 존재하지 않던 시절이었다.

내 꿈은 사라졌다. 나는 판검사가 되어 정의를 실현하는 사람이 될 수 없는 몸이었다. 나는 사랑으로 아이들을 가르치는 예쁜 선생님이 될 수도 없는 몸이었다. 책에 나오는 여자들처럼 미치지 않으면 창녀가 되어야 한다고 믿기 시작했다. 미치지 못했으니 창녀가 될 운명이라고 생각했다. ('창녀'라는 단어에 기분이 상한 분이 계실 거라 생각합니다. 지금 저는 그런 단어를 사용하지 않지만 그 당시에는 다른 단어를 알지 못했습니다. 그래서 부득이하게 사용하게 되었습니다. 너그러이 이해해주시기 바랍니다. 그러나 성노동자, 성거래자, 성판매 여성, 성매매 피해 여성이라는 단어를 사용하더라도 사회적 편견이 공고히 존재하는 한 저에게는 같은 의미로 다가왔을 거라 생각합니다.)

공부하는 것도 시시했고, 친구들과 어울려 노는 것도 쓸모없는 일처럼 여겨졌다. 공부를 한다 해도 내가 할 수 있는 일은 없을 것이라고 여겼다. 누군가 나에게 어떻게 살아야 하는지 알려주었으면 좋겠다는 생각이 들었다. 그 당시 아동 성폭력 피해자들이 대부분 그러했듯이 처절하게 나 혼자 감당해야 했다.

나에게 왜 이런 불행이 반복되는지 알고 싶었다. 인생이란 게 도대체 무엇인지 알고 싶어 철학책을 읽기 시작했다. 그 속에서도 내가 살아야 할 이유를 찾지 못했다. 철학책도 이런 불합리한 일이 가능한 세상에 대해 설명하지 못했다. 소크라테스의 보편적 가치, 아리스토텔레스의 이성, 데카르트의 자기 확실성도 내 경험을 설명하지 못했다.

'더 이상 살고 싶지 않다, 나는 살고 싶다….'

살고 싶지 않다는 생각, 살아야 한다는 혼란 속에 하루하루를 견뎠다. 그것은 살아 있다고 느끼는 것이 아니었다. 단지 견뎌내는 것. 그것이 삶의 전부였다.

사람이라면 그런 고통을 경험하지 않아야 했다. 그렇다면 '나는 사람인가?' 이 질문이 머릿속에서 떠나지 않았다.

내 생각에 '인간'에게 강간은 있어서는 안 되는 일이었다. 그렇다면 나는 사람이 아니었다. 그렇다. 존중 받아야 하고 주체성을 가진 사람이라면 강간의 피해는 경험하지 말아야 하는 것이다. 그저 운이 나빴다고 하기에는 내가 감당해야 하는 고통이 너무 컸다.

죽을 수 있는 방법과 이유를 찾기 시작했다. 삶은 내 선택이 아니었지만 죽음만은 명확하게 내 선택이기를 희망했다. 그러나 내 뜻대로 죽음을 선택하기에는 너무도 어린 나이였다. 그렇게 1년을 견뎌냈다.

그때 도서관에서 읽은 폴 발레리의 글귀가 아직도 잊히지 않는다. "바람이 분다. 살아야겠다." 삶이란 그리 대단한 것이 아님을, 바람이 부는 것만으로도 살아갈 이유가 된다는 사실에 난 살아야겠다, 살고 싶다고 생각했다.

◇◇◇◇◇◇◇◇◇◇◇◇◇◇◇◇◇◇

강간당한 여자는 어떻게 살아야 할까? 여전히 나는 답을 알지 못한다.

강간당한 여자가 항시 불행하거나, 강간이 존엄성을 회복하지 못할 만큼 끔찍한 사건이라는 의미가 아니라 이 사회에서 강간을 대하는 방식이 변하지 않는 한 나 스스로에게 해줄 수 있는 답이 없다.

그러나 내가 어떤 삶을 원하는가에 대한 답은 조금 알 것 같다. 나는 내 경험이 있는 그대로 인정되고 비난받지 않기를 희망한다. 때때로 좌절하고 무너진 것에 대해서는, 그때는 그 선택이 최선이었다고 인정하고 싶다.

수치심이 피해자의 몫이 아니라 가해자의 몫인 사회, 내 경험을 있는 그대로 말하며 살 수 있는 세상에서 살고 싶다. 나와 비슷한 경험이 있는 사람들이 나처럼 혼자 감당하지 않아도 되는 사회에서 살고 싶다.

나에게 가장 힘이 된 치유 방법은 나와 같은 생존자가 존재한다는 사실을 알게 된 것이다. 한국성폭력상담소에서 하는 자조모임에 나가면서 나 혼자만 경험하는 일이 아님을, 내가 잘못된 것이 아니라 사회가 잘못된 것임을 알게 되었다. 그러면서 나를 이해하는 것이 조금씩 가능해지기 시작했다. 내가 살아야 하는 이유도 조금씩 찾을 수 있었다.

생존자들을 처음 만난 날, 나는 긴 터널 속에 갇혀 있다가 멀리서 빛나는 출구를 발견한 느낌이었다. 분명 내가 나아가야 할 길이 있었다.

정을 이해받을 수 있었다. 나는 드디어 반짝 빛나기 시작했다.

다른 생존자들도 때때로 엄습하는 불안과 우울감에 힘들어한다는 것을 알게 되었다. 우리는 때때로 불행하다 여기지만 그보다 더 자주 유쾌하고 행복할 수 있음을 알게 되었다.

나와 비슷한 피해를 경험한 사람이 있다면, 절대로 당신이 혼자가 아님을 알았으면 좋겠다. 혼자 감당하려고 애쓰지 않았으면 좋겠다. 자신의 고통은 오롯이 혼자만의 몫이지만, 당신이 홀로 울고 있을 때 깊은 공감으로 손 잡아줄 수 있는 사람들이 존재한다는 사실을 당신도 알았으면 좋겠다.

한국성폭력상담소에서 주최하는 자조모임은 매달 한 번 열린다.
한국성폭력상담소 02-338-5801~2 www.sisters.or.kr

# 12
## 나는, 불쌍한 여자인가?

남들이 당신을 설명하도록 내버려두지 말라.
당신이 무엇을 좋아하고 싫어하는지
또 무엇을 할 수 있고 할 수 없는지를 남들이 말하게 하지 말라.
- 마사 킨더

처음 꿈을 꾸고 난 뒤 상담선생님의 권유로 성폭력 상담원 교육을 받게 되었다. 그리고 성폭력을 당한 이들을 상담하는 일을 하게 되었다. 나는 누구보다도 생존자들의 절망과 아픔을 함께 나눌 수 있을 것 같았다.

처음 꿈을 꾸었을 때보다 훨씬 괜찮아졌고, 세상에서 사람들과 함께 살아가고 싶다고 생각했다. 더 이상 죄인처럼 숨지 않겠다고 나를 다독였다. 태어나 처음으로 내가 하고 싶은 일을 선택했고, 잘할 수 있을 거라 여겼다. 그만두었던 학사 과정도 마치고, 내 삶을 하나씩 회복하고자 노력했다. 페미니즘은 성폭력 생존자인 나에게 치유책이자 치유를 위한 실천이었다.

여전히 우울감과 두통은 사라지지 않았지만 더 이상 '살고 싶지 않다'는 생각을 하지 않게 되었다. 페미니즘을 접하고, 태어나서 처음으로 살고 싶어졌다. 내가 살아내기 위해 선택한 방어기제는 나를 파괴하는 것이었다. 하지만 이제 나는 나 자신을 용서하기로 결정했다. 그리고 상담소에는 여성들만 있어서 내가 상처 받을 일도, 성폭력에 노출될 일도 없을 것이라 생각했다.

어느 단체에서 성폭력 상담을 하던 때였다. 성폭력 상담원 교육을 받던 한 선생님이 "이게 다 불쌍한 여자 돕자고 하는 일이야."라는 말을 했다. 성폭력 피해 여성은 불쌍한 여성이고, 자신은 그런 불쌍한 여성을 돕기 위해 상담을 하고자 한다는 것이었다. 그 말이 날카로운 비수가 되어 내 마음을 찢어놓았다.

과거에 겪은 성폭력 사건은 나에게 더 이상 문제가 아니라고 여겼고, 이제는 나처럼 고통 받는 여성들과 함께하고 싶다고 일을 시작했다. 그런 나를 그 짧은 문장이 흔들어 놓고 있음을 느꼈다. '생존자는 불쌍한 여자도 아닐뿐더러 당신의 동정 따위는 필요 없다'라고 말해주고 싶었다.

성폭력 피해자는 그저 '불쌍한 여자'인 것인가? 참을 수가 없었다. 그분이 열심히 성폭력 상담 활동을 하고자 했고 선의에서 한 말이라고 할지라도, 일반 사람들의 생각이 다 그렇다 할지라도, 상담원이 될 사람이 그런 말을 한다는 것이 이해가 되지 않았다.

가끔씩 사람들과 대화를 나누다가 사람들의 말을 혼자 곱씹으며 상처를 받는 경우가 많아지기 시작했다.

한번은 영화 '여자, 정혜'를 보고 나서 토론을 하는 시간을 가졌다. 정혜라는 인물은 고모부에게 강간당한 기억을 간직한 채 결혼한다. 신혼여행에서 남편이 첫 섹스에 대해 질문을 하자 그녀는 아무 말도 못하고 여행지에서 결혼을 끝내고 만다.

누군가 영화를 보고 이렇게 말했다. "저런 여자는 결혼하지 않았으면 좋겠어. 자신의 상처가 극복되지 않은 상태라면 결혼하지 않는 게 맞아. 내 아들이 저런 여자를 만나면 어떻게 해? 내 아들 일생을 망치는 거잖아."

'저런 여자', '극복', '일생을 망치는'…… 단어들이 머리를 어지럽게 했다. 저런 여자와 아닌 여자가 나뉠 수 있는 것인가? 성폭력 피해는 극복해야 할 장애물인가? 완전한 회복이란 것이 가능하단 말인가? 그런 생각이 떠올랐다.

자주 힘들어하는 나에게 위로한답시고 "아직도 극복하지 못했어?" "네가 왜 결혼을 안 하는지, 네 경험이 그런 선택을 하도록 한 것이 아닌지 생각해 봐." "나도 성폭력 경험했어. 근데 그것이 사회 정의보다 중요하진 않아. 얼른 떨쳐버리고 세상을 바꾸는 데 기여해야지." 이런 말을 들을 때마다 나는 더 괜찮아지지가 않았다.

화를 내면 지나치게 민감하다는 말을 들을 것 같았고, 내 생각을 말하면 생존자에 대한 편견을 갖게 할 것 같았다.

성폭력 생존자는 '불쌍한 여자', '상처를 극복하지 못한 여자'라는 편견이 여전히 널리 퍼져 있다. 그런 말을 하는 사람을 만나면 그 사람의 의도와 상관없이 배척당하는 기분이 든다.

성폭력이 난무하는 사회에서 성폭력 기사에 달린 댓글에도, 성폭력 사건에 대한 판결문에서도, 가해자들의 말 속에서도 생존자에 대한 편견은 항시 존재했다. 피해자에게 부당하게 책임을 전가하거나 성적 수치심을 유발하는 말, 즉 2차 가해는 성폭력 경험만큼이나 나를 힘들게 했다.

생각해보면 그 당시에 나를 힘들게했던 '불쌍한 여자'라는 말이 틀린 말이 아닐 수 있을 것 같다. '잡년행동' 블로그에 실린 다음 글에서 보듯이 말이다.

"성폭행이 개인의 불행과 불운으로 돌려지는 사회에서, 성폭행의 원인을 가해자에게 묻지 않는 상황에서, 성폭행이 오락과 흥밋거리가 되는 사회에서, 모욕적인 시선과 의도적인 접촉이 용인되며 성폭행이 난무하는 사회에서."

성폭력 피해자도, 성폭력을 의식하는 모든 여성도 불쌍하게 만들어버리는 사회인지도 모르겠다. 성폭력이 사회 구조의 문제로 인식되고, 성폭력의 책임을 가해자에게 묻고, 성폭력이 범죄로 다루어지고, 타인에 대한 모욕적인 시선과 의식적인 접촉을 용인하지 않는 사회가 온다면 더 이상 나는 '불쌍한 여자'가 아닐 수 있을 것 같다.

"남들이 당신을 설명하도록 내버려두지 말라." 마사 킨더의 말이 더 의미 있게 다가온다. 다른 사람들이 함부로 나를 판단하지 않도록 하기 위해, 불쌍한 여자로 동정 받는 것을 거부하기 위해, 그래서 나는 오늘도 기록을 한다.

◇◇◇◇◇◇◇◇◇◇◇◇◇◇◇◇◇◇

성폭력 생존자를 어떻게 대해야 할까? 아니, 생존자인 나는 사람들이 나를 어떻게 대해주면 좋을까라는 생각을 해본다.

출판사에서 책을 내자는 제안을 했다. 편집자와 몇 차례 만나 책의 방향과 원고에 대해 의견을 나누었다. 어느 날 편집자가 조심스럽게 말을 꺼냈다.

"고백 하나 할게요. 우리가 처음 만난 날 있잖아요. 그날이 제가 이제까지 살면서 가장 긴장되고 어려운 날이었어요. 혹시나 제가 무심코 한 말로 상처를 주지는 않을까, 너무 우울한 사람은 아닐까, 모든 것이 조심스러웠죠. 편집자라는 자리는 저자의 지위나 나이에 상관없이 누구든 당당하게 대할 수 있죠. 그런데 생존자는 어떻게 대해야 할지 모르겠더라고요."

우리는 어느새 그런 이야기를 나누며 웃을 수 있는 사이가 되었다. 그 편집자가 나를 처음 만난 날 얼마나 불편했을지 그 심정이 충분히 이해가 간다. 내가 성폭력 피해자임을 고백하는 순간 많은 사람들이 이와 비슷한 말을 한다.

그래서 생각해보았다. 나는, 사람들이 나를 어떻게 대해주기를 바라는가?

아주 오랫동안 내가 듣기 힘들어한 말이 있었다. 누군가가 내게 "괜찮아"라고 말하면 그 소리를 듣는 순간 마음이 무너져 내렸다. 어릴 적 삼촌이 했던 그 말이 너무도 생생했기에. '내가 괜찮지 않으면 어쩔 건데?'라고 소리치고 싶은 순간이 있었다.

한번 마음이 무너지면 한동안 일상을 견뎌내기 힘들었다. 누군가는 다 큰 어른이 왜 감정을 조절하지 못하느냐고 비난할 수도 있지만 감추려고 해도 감추어지지 않는 감정이 존재한다.

이럴 때는 나에게 시간을 주면 좋겠다. 너무 유난하게 도와주려고 하지 말고 그냥 가만히 지켜봐주었으면 좋겠다. 어차피 내 감정은 나 혼자 감당해야 할 몫이니.

사람은 누구나 마음이 아픈 시간이 있고, 아픈 마음을 다스릴 시간이 필요하다는 사실을 알아주었으면 좋겠다. 힘들어하는 나를 보기 힘들어 내 곁을 떠나더라도 솔직하게 아프다고 말해주고 떠나면 좋겠다.

아직 우리 사회에는 성폭력 피해자에 대한 편견이 공고하다. '짧은 치마를 입고 다니니까 강간을 당하지.' 이런 말을 무심히 하는 사람들이 너무 많다. 그때마다 나는 속으로 이렇게 되뇐다. '9살이던 나는 짧은 치마를 입지도 않았고 섹시하지도 않았어요.'

성폭력은 성욕을 해결하기 위해 우발적으로 저지르는 범죄가 아니다. 자기보다 약한 상대를 찾아 계획적으로 저지르는 범죄다. 또한 몇몇 사이코패스가 저지르는 범죄가 아니라 흔하게 일어나는 범죄다.

다행히 나는 피해를 경험하지 않았다 하더라도 누군가는 당할 수 있는 일이다. 그러니 '너 아니면 나'라는 자매애로 나를 대해주었으면 좋겠다.

나는 불행한 여자로 취급받기를 원하지 않는다.

'너 아니면 나'라는 사실을 인식할 때 생존자들과 함께 살아가기가 더 쉽지 않을까?

# 13
# 계단에 대한
# 공포와 거부감

 마흔이 다 되어가는 이 나이에도 나는 계단이 두렵다. 얼마 전까지만 해도 왜 그렇게 계단으로 다니기가 싫은지 알지 못했다.

 계단을 싫어하다 보니 일상생활에서 불편한 일이 많다. 지하철을 타면 1시간이면 될 거리를 3번이나 버스를 갈아타고 3시간 걸려서 다니기도 했다. 당연히 지하도나 육교를 피하기 위해 멀리 돌아서 다녔다. 무슨 일을 하던 시간이 많이 걸리고 그만큼 더 부지런을 떨어야 하지만 계단을 오르는 것보다는 불편한 쪽이 차라리 더 낫다.

지금은 조금 나아지기는 했지만, 계단을 오르내릴 때면 손잡이를 잡고 최대한 천천히 앞을 살피며 걷게 된다. 언제부터인지 알 수 없지만 오래된 습관이었다. 어느 순간부터 계단은 나에게 공포로 자리 잡은 것 같다. 계단 앞에 서기만 하면 나는 안정감을 잃는다. 왠지 불안하고 누군가 나를 공격할 것 같은 기분에 사로잡히고 만다.

우연히 습관을 이야기하는 자리에서 누군가 나에게 "왜 계단에 거부감이 드는지 생각해보라"는 조언을 했다. 최근 사진처럼 기억이 떠올랐다. 무의식적으로 일상을 지배하던 기억이……

등굣길에 피해를 경험하고 나서부터 학교 가는 길이 너무나 무서웠다. 그렇다고 학교를 때려치우고 집을 뛰쳐나와 안전한 곳을 찾을 만큼의 용기도 없었다.

나는 그날의 사건 이후로 산을 에두르는 길을 피하게 되었다. 마을로 난 길은 사람들의 시선이 많아서 싫었다. 결국 산을 직선으로 관통하는 길을 택하게 되었다. 그 계단 길은 중간에 집이 몇 채 있고 사람도 별로 다니지 않아 편했다. 무엇보다 안전할 것 같았다. 계단을 올려다보면 누가 있는지 알 수 있고, 필요하면 도망칠 수도 있을 것 같았다.

피해를 경험하고 한 열흘쯤이나 지났을까. 계단이 있는 길로 다니는 데 익숙해지고 안정감을 느끼고 있었다.

그날은 이상하게 학교에 가기 싫었다. 하지만 집에 아빠가 있었다. 아빠는 외출할 기미를 보이지 않았다. 할 수 없이 '농땡이'를 포기하고 조금 늦게 학교로 출발했다. 학생들이 대부분 등교를 마친 시간이어서 학교 가는 길은 한산했다.

산 입구에 다다랐을 때 학교 쪽을 올려다보았다. 아주 멀리서 그 남자가 보였다. 그 남자의 얼굴은 기억이 나지 않았지만 그 옷만은 생생했다. 다행히도 그 남자는 나를 못 본 것 같았다. 나는 재빨리 계단이 있는 골목으로 몸을 피했다.

발걸음을 재촉했다. 계단은 안전하게 빨리 학교로 인도해 줄 것이라 여겼다. 지금 생각해보면 학교에 가지 말았어야 했다. 계단 위를 쳐다보면서 누가 내려오는지 계속 확인했다. 누군가 다가오는 소리에 놀라서 고개를 드니 한 아주머니가 내려오고 있었다. 가슴을 쓸어 내렸다. 이제 모퉁이만 돌면 학교 앞이었다.

모퉁이를 돌아서는 순간, 그 남자가 숨어 있다가 나타났다. 몸을 돌리려 하자 그 남자의 억센 손이 나를 잡아챘다. 나는 "살려주세요."를 연발했다. 죽음과 마주하는 듯한 공포. 그 공포를 다시 경험하고 싶지 않았다. 하지만 몸을 움직일 수가 없었다. 내 다리와 목소리는 두려움에 마비되어 있었다.

그 사람은 나를 더 능숙하게 통제했다. 그는 내 목덜미를 붙잡고 "걸어!"라고 말했다. 나는 그 한마디에 거부할 수 없는 두려움을 느끼면서 순응했다. 주변에는 아무도 없었다. 몸이 덜덜 떨리고 눈앞이 흐려졌다. 그 남자의 억센 팔에 뒷덜미를 잡혀 끌려가는 동안 눈물이 멈추지 않았다. 그는 나를 다시 그 장소로 끌고갔다.

방공호 내부의 어둠, 한 줄기 빛, 그리고 쾌쾌한 냄새. 어지럼증, 쏟아지는 눈물, 떨리는 몸, 익숙해지지 않는 고통, 두려움, 공포.

시간이 얼마나 흘렀을까?

마치 내 영혼이 분리된 듯 강간당하는 내 모습을 그 사람 뒤에서 보고 있다. 꿈속에서처럼 황토색 점퍼와 청바지가 보인다. 그리고 아무 느낌이 없다. 어두운 그곳이 갑자기 환해지는 듯하고 나는 계속 그 장면을 지켜보고 있다. 아이는 미동도 없이 눈을 감고 있다. 마치 죽은 시체와 같다. 차라리 저 아이가 죽었으면 하고 바란다.

기억은 여기에서 멈춰 있다. 그날 이후 나는 기억을 잃었다.

25년 동안 그날의 사건을 기억하지 못했다. 그 후에 대한 기억도 없다. 나는 그곳을 어찌 나왔을까? 학교는 갔을까? 어떻게 그 남자 뒤에서 강간당하는 나를 지켜볼 수 있었을까? 마음에 분열이 일어난 것일까? 정신을 잃은 것일까?

계단에 대한 기억은 최근에 선명하게 떠올랐다. 그 남자에게 두 번 강간을 당했다는 사실을 알고는 있었지만 희미한 기억만 있었을 뿐이었다. 그날의 기억은 더욱 흐릿했다.

그날 나는 어떤 감정이었을까? 슬펐을까? 외로웠을까?

기억이 내 편이라 그런지 여전히 그 이후의 기억이 흐릿하다.

잃어버린 시간. 설령 감당하지 못할 만큼의 고통이라 기억 너머에 존재하는 시간일지라도 이제는 알고 싶다. 어릴 적 내가 혼자 감당했을 그 고통의 크기를. 방공호를 빠져나와 내가 어디로 갔는지, 어떤 감정이었는지, 알고 싶다.

이유도 모른 채, 일상의 불편함을 감수하는 나를 원망했던 적도 있었다. 왜 그리 계단이 싫었는지 이제는 알 것 같다. 그날의 사건은 내 기억 저편에서 일상을 지배하고 있다가 25년 후에 꿈으로 나를 이끌었다.

기억을 떠올린 후, 계단을 거부하는 나를 더 이상 원망하지 않는다. 그리고 계단에 대한 두려움도 이겨낼 수 있는 힘이 생기기 시작했다. 그날의 사건을 떠올리고 여전히 공포와 두려움 속에서 살아가고 있지만, 그 공포와 거부가 계단에서 비롯된 것이 아님을 이제는 알고 있다.

## 14
## 그랬구나,
## 나도 소중한 딸이었구나

 태어나지 말았어야 하는 아이. 죽어야 했던 아이. 질긴 생명력을 가진 아이. 어릴 적 나는 나 스스로를 태어나지 말았어야 하는 사람이라고 믿으며 성장했다.

 어른들은 나를 보면 항상 신기해했다. 내가 살아 있다는 사실만으로도 인간의 생명력이 얼마나 강한지 알 수 있다고 말했다.

 맏며느리로서 아들을 낳아야 했던 엄마는 언니 둘을 낳고 아들을 낳았다. 아들을 낳았으니 이제 자식을 그만 낳고 싶었지만, 아들 하나를 더 낳으라는 할머니의 강요에 못 이겨 나를 임신했다고 한다. 아들이기를 바라는 마음으로.

　엄마는 임신한 몸으로도 아버지의 구타와 농사일을 감당해야 했다. 그러니 엄마 몸에 이상이 생긴 것은 어쩌면 당연한 일일 것이다. 배가 점점 불러왔지만 이상하게 먹고 싶은 것도 없었다고 한다. 뱃속 아이의 태동이 약해지고, 몸이 부어서 신발조차 신지 못하는 상황이 되어서야 엄마는 처음으로 산부인과에 찾아갔다고 한다.

　의사는 임신중독이라는 진단을 내렸다. 또 아이가 거꾸로 있는데 그대로 두면 산모도 아이도 죽는다며 낙태를 하라고 권했다고 한다. 달수가 많이 찼고 위험한 수술이라 수술비만 집 한 채 값이었다. 엄마 말대로라면 내가 태어나던 해 쌀 한 가마니가 2만 원이었는데 수술비로 70만 원이 든다고 했다고 한다.

　엄마는 그 돈을 마련할 수가 없어서 죽기를 결심하고 나를 집에서 낳았다. 70만 원이 없어서 세상에 태어난 아이가 나였다.

　해가 질 무렵 한참의 진통 끝에 엄마는 나를 낳았다. 돈이 없어서 세상의 빛을 보게 된 나는 2kg도 안 되는 미숙아였다. 머리가 아닌 다리부터 세상에 내놓은 아이는 태어나도 곧 죽을 거라는 의사의 말에 이름조차 얻지 못했다.

딸을 낳아 미역국조차 얻어먹지 못한 엄마와 젖 빨 힘이 없는 아이는 여성이라는 공통점을 가지고 세상에서 만나게 되었다. 한 사람은 평생 남편의 구타를 감당해야 하는 여성으로, 또 한 사람은 그것을 지켜보며 성장하고 또 성폭력을 감당하며 살아야 하는 여성으로.

엄마의 시댁이 공주에 있었고 내가 딸이었기 때문에 나는 '공주'라는 이름으로 불렸다. 나에게 다른 이름이 있다는 사실을 알게 된 것은, 초등학교 입학 전에 자신의 이름 정도는 쓸 수 있어야 한다며 언니가 내 이름 석 자를 가르쳐줄 때였다. 오빠는 아들이라는 이유로 온 집안 어른들이 모여 항렬에 맞게 지은 이름을 얻고, 태어난 순간부터 장손 대접을 받았다. 그와 대조적으로 나는 여자아이란 이유로 제대로 된 이름을 얻지 못했고, 집안 친척들에게 이름도 알릴 필요가 없는 존재였던 것이다.

나는 울지도 못하고 젖도 물지 못할 정도로 약하게 태어났는데도 성장하면서 감기도 잘 걸리지 않았다고 한다. 아이가 죽지 않고 살아 있자, 출생신고를 해야 해서 엄마는 갑자기 이름을 지어서 호적에 올렸다. 그런데 할머니는 엄마가 출생신고를 한 줄 모르고 '공주'라는 이름으로 따로 출생신고를 했다. 호적상 나는 쌍둥이가 되어 버린 것이다. 그 후 공주는 사망

처리가 되었지만 지금까지도 친척들은 나를 공주라는 이름으로 부른다. 나는 혼자 태어났지만 쌍둥이가 되었기에 두 배로 질긴 삶을 살 거라는 어른들의 말씀을 들으면서 자랐다.

내가 어른이 되어서도 엄마는 나의 탄생을 이야기하며 눈물을 흘리곤 했다. "곧 죽을 것만 같았는데…."

중학교에 다니던 어느 날, 술을 마시고 집에 들어가서 나를 왜 낳았냐며 엄마에게 대든 적이 있다. 엄마는 아빠 때문에 내가 힘들어한다고 생각하고 "네가 술이라도 안 마시고 어찌 제정신으로 살겠냐. 살아 있어 줘서 고맙다."라는 말을 했다.

처음이었다. 엄마가 나에게 그런 말을 한 것이. 항상 내가 태어나서 참고 산다고 하셨는데. 맞고 사는 것이 나 때문이라고, 몸이 약한 나를 두고 떠나면 내가 죽을 것 같아서 참는다고.

그런 까닭에 나는 화도 내지 못하는 아이로 성장했다. 항상 스스로를 죄인처럼 여겼다는 걸 엄마는 알까? 힘든 엄마를 더 힘들게하는 나를 저주하는 마음. 어릴 적에 "저게 아들이었으면 아비 마음을 잡을 수 있었을 거다"라고 할머니가 엄마에게 한 말을 듣고 난 뒤부터 원죄처럼 저주했던 나의 존재. 아빠의 외도조차 내가 '여자아이'이기 때문이라고 받아들여야 했다.

정말 할머니 말씀대로 내가 남자로 태어났다면 아빠의 외도도, 구타도 멈추었을까? 엄마는 조금 더 편한 삶을 사셨을까?

"살아 있어 줘서 고맙다."

엄마의 그 말에 내 안에 있던 분노가 조금은 잦아드는 것 같았다.

나도 누군가에게는 소중한 딸이고, 형제라는 사실. 누군가에게는 목숨 걸고 지킨 생명이라는 사실을 나를 강간했던 사람들은 몰랐던 것일까? 살아 있는 것만으로도 고마운 존재인 아이를 살 가치가 없는 아이라고 믿게 만든 그 사건들이 여전히 아프고 서럽다.

# 15
## 한 생존자가 다른 생존자에게

　수연 님, 당신에게 닿지 않을지도 모르는 이 편지를 쓰기로 한 것은 이렇게라도 감사의 마음을 전해야 할 것 같아서입니다. 아니요, 전하고 싶었습니다. 저의 치유를 위해, 온전히 나 자신을 위해서 말이지요.
　오랫동안 기다려 왔던 책이 나왔다는 기사를 접하고, 반가운 마음 고마운 마음과 함께 마음이 소란스러워졌습니다.
　제가 수연 님의 글을 처음 읽은 것은 한국성폭력상담소 소식지에 실린 생존자 수기에서였지요. 읽으면서 어찌 이런 삶이 있을까 싶었습니다. 읽는 것만으로도 고통스러웠어요. 그러나 그 고통 속에서도 자신을 지켜나가는 수연 님의 글은 매력이 있었고, 다음 편을 빨리 읽고 싶어 소식지가 나오길 기다리게 되었죠. 소식지를 받자마자 수연 님의 글부터 찾아 읽었지요.

그 글이 저에게 말을 거는 듯했습니다. '너도 할 수 있어'라고. 오랜 기간 동안 연재된 글은, 치유를 결심하고 시작하는 저에게 참 많은 힘이 되었답니다. 힘들 때마다 그 글을 꺼내 읽으며 힘든 시간을 견뎌냈어요. 특히 울고 싶을 때 많이 울게 해준 글이었지요.

어느 날 우연히 어떤 자리에서 그 글을 책으로 엮는다는 이야기를 들은 것이 4년 전이었어요. 그 뒤로 거짓말 하나 보태지 않고 매일매일 고대하고 기다리고 있었습니다. 저 같은 생존자에게 꼭 필요한 글이기에, 제가 위로를 받았듯이 다른 생존자들에게 힘이 될 거라 믿었어요.

외국의 성폭력 생존자 수기가 한국에도 번역이 되어 나와 있지만 아동 성폭력 생존자의 글은 찾아보기 힘들죠. 게다가 한국 사회에서 그런 책이 나온다는 것은 놀라운 일이니까요. 한국 사회는 아직도 생존자에게, 여성들에게 책임을 묻는 경우가 심심치 않기에 당신의 글이 꼭 필요했어요.

그 당시 많이 불안정했던 저는 당신이 참으로 대단해 보였어요. 그 끔찍한 기억을 풀어내는 힘이 있는 당신이 참으로 멋지게 느껴졌죠. 그날 저는 집으로 돌아와 컴퓨터에 '꽃을 던지고 싶다'라는 폴더를 만들었지요.

그 기다림이 4년이 되어가고 힘들게 치유 과정을 걸어가면서, 수연 님의 책이 안 나올 수도 있겠다는 생각에, 제가 직접 글을 쓰기로 했어요. 사건에 대한 기록만 빼고 적어두었던 글이 사건에 대한 기억으로 바뀌는 데 4년이 필요했죠. 그렇게 당신의 글이 저를 기록으로 이끌었다는 생각이 들어요.

수연 님의 책이 나왔다는 기사를 보자마자 인터넷 서점에 책을 주문했지요. 드디어 책이 도착했습니다.《눈물도 빛을 만나면 반짝인다》제목이 마음에 쏙 듭니다. 그 오랜 시간 흘렸을 당신의 눈물이 어떤 빛을 만나 어떤 반짝임을 내고 있을지, 책을 빨리 읽고 싶은 마음이었습니다. 그러나 한편으로는 두려움이 컸습니다. 읽어본 적이 있는 글이지만 담담하게 읽을 자신이 없었습니다.

책을 들고 기차에 몸을 실었습니다. 제일 멀리 가는 표를 사서 기차를 타고 가다가 책을 다 읽으면 어디든 내려서 가까운 절에 찾아들어 108배를 하리라 마음먹었습니다. 그렇게 마음을 다스리지 않으면 견디기 어려울 듯했습니다.

'끝이 없는 고통은 없다'는 수연 님의 말이 목에 걸려 첫 페이지부터 어지러움이 찾아옵니다. 성폭력 사건은 끝이 났지만 제 마음의 고통은 끝이 있을까요? 어렵고 어려운 말입니다. 그 말을 하기까지 당신이 겪었을 고통을 나를 포함해 다른 사람들이 상상이나 할 수 있을까요?

당신은 어떤 마음으로 글을 써 내려갔을까요? 저는 어떤 마음으로 글을 쓰는 것일까요? 문득문득 그리 자랑스러운 과거도 아닌데 글을 쓰고 있는 나 자신이 수치스러울 때가 있습니다. 그러나 수연 님의 말처럼 수치는 가해자의 몫이고, 그들은 자신이 무엇을 잘못했는지 기록하지 않을 것이라는 말에 깊은 공감을 하게 되었습니다. 그래요, 우리가 기록하지 않으면 아무도 기억하지 못하겠지요.

제가 받았던 은혜를 갚고 싶었습니다. 그것이 제가 글을 쓰는 이유입니다. 힘들지만 치유를 결심하고 실행할 수 있었던 것은, 저와 비슷한 피해를 경험하고 자신의 이야기를 써 내려간 수연 님을 비롯한 많은 생존자들의 이야기가 있었기 때문입니다. 나만 겪는 고통이 아니라는 사실을 알게 되고, 나도 괜찮아질 수 있을 거라는 힘을 얻었습니다.

내가 받은 그 은혜를 다른 생존자에게 갚고 싶었습니다. 당신 혼자가 아니라고, 그것은 당신의 잘못이 아니라고 이야기하고 싶었습니다. 당신이 서럽고 힘든 것은 당연하며, 그 고통을 호소할 권리가 있다고 말하고 싶었습니다.

그 말은 다른 생존자가 아니라 나에게 해주고 싶은 말이었음을 글을 쓰면서 깨닫게 되었습니다. 아무도 내게 그런 말을 해주지 않았기에, 스스로의 치유를 위해서 꼭 해야 하는 말이었습니다.

4년 전 당신의 글을 처음 읽은 뒤, 나는 더 이상 약을 털어 넣지 않게 되었습니다. 미안하게도 '당신도 살아 있는데 나도 살아내야지'라는 생각을 했습니다. 치유의 길을 걷는 당신이 나에게도 힘내라고 말해주는 것 같았습니다.

4년이 지나고 당신의 기록이 책으로 만들어졌고, 저는 이렇게 글을 씁니다. 세상의 속도에서는 더딜 수 있지만 우리는 참으로 열심히 살아온 것이지요.

그러나, 제가 여전히 아픈 것처럼 수연 님도 아프신지요?

4년 동안 치유의 길을 가면서 하나를 극복한 것 같으면 또 다른 결핍이 보여 나 자신이 싫어지는 순간이 있습니다.

저는 요즘 사람들을 만나는 것이 점점 힘들어지고 있습니다. 부끄럽게도 멋진 여성들을 보면 화가 납니다. 그 감정이 정당하지 않다는 것을 알기에 말을 꺼내지도 못합니다.

'네가 나처럼 살았어 봐! 네가 내 환경이었어 봐! 나는 일곱

번 강간을 당했고, 집에서는 엄마를 지켜야 해서 늘 힘들었다고. 고등학교 때부터 아르바이트를 하면서 하루에 4시간 이상 자보지 못했어. 내 가장 큰 소원이 무엇인 줄 알아? 하루라도 편하게 공부해보는 거였어. 그래, 좋은 가정에 태어나서 일류대를 나왔겠지? 네가 내 환경이었으면 가능했겠어?'

이런 생각을 하는 내가 참으로 치졸해 보입니다. 그러나 수연 님의 글을 보니 오늘 또 위로가 됩니다. 과거의 사건이 어떻게든 우리의 삶을 방해해온 것이지요. 속으로 원망하는 것도 시간이 지나면 나아지겠지요? 못난 것도, 화나는 것도 제 감정인 것이지요. 자신의 감정을 인정하고 위로하는 시간이 필요하다는 말에 고개를 끄덕입니다.

창밖으로 비가 오락가락합니다. 눈물이 흐릅니다. 집에서 혼자 감당할 수 없을 것 같아 기차를 탄 것이 참으로 다행이다 싶습니다.

안내 방송에서 곧 대전역이라는 말이 나옵니다. 여기서 내려 갑사로 가기로 마음을 정합니다.

수연 님은 초등학교 5학년 때부터 9년간 그 지옥에서 살았고, 가해자가 아빠라는 사람이었지요. 저는 2학년부터 성인이 될 때까지 일곱 번 강간을 경험하고 살았습니다. 분명한 것은 그 모든 것이 우리 잘못이 아니었다는 거죠.

수연 님과 저는 서로 다른 사건을 경험했지만, 우리는 필요한 순간 도움을 받지 못했습니다. 그 지옥에서 벗어나서도 한참을 고통 속에서 지냈지요.

수연 님도 때때로 여전히 아프고 억울하겠지요? 여전히 살고 싶지 않은 때가 있겠지요? 특히 과거의 사건이 나를 지배한다는 느낌이 들 때면 괴로움에 혼자서 울고 있는지요? 그런 시간에도 수연 님의 눈물은 반짝임을 향해 가겠지요.

어제오늘 누군가는 성폭력 가해자에게 살해당하고, 누군가는 성폭력을 당한 뒤 자살을 했다는 안타까운 뉴스가 나옵니다. 또 아까운 삶이 사라졌습니다.

우리는 살아남아 기록을 하고 있습니다. 때때로 많이 힘들고 흔들려도 우리는 자신의 삶을 회복하기 위해 서서히 앞으로 나아가고 있다는 사실이 중요하겠지요. 당신의 글이 다시 저에게 함께하자 손을 내밀고 있습니다. 이제 지쳐서 그만하고 싶은 저에게, 더 이상 좋아지지 않을 것 같아 절망하는 저에게 말입니다.

뮤리엘 루카이저는 "만약 한 여성이 자신의 삶에 대해 진실을 털어놓는다면 어떻게 될까? 아마 세상은 터져버릴 것이다."라고 말했다지요. 수연 님의 글이 저를 울렸듯이 세상을 울릴 것이라 믿습니다. 힘든 글을 써 주셔서 감사합니다.

  1배는 수연 님의 평온을 위해, 2배는 저의 치유를 위해, 3배는 또 다른 생존자들의 평온을 위해, 그리고 4배는 수연 님의 글을 읽고 혼자 눈물 흘릴 여성들을 위해. 그렇게 108배를 마치고 내려오는 길, 어느덧 비는 개었습니다.

  만약에 다음 생이 저에게 주어진다면 그때는 강간당하지 않기를, 강간을 당하더라도 적절한 도움을 받을 수 있기를 진심으로 바라봅니다.

  비 갠 하늘처럼 우리가 평안하길….

                    너울 드림

# 16
# 아동 성폭력이 나에게 남긴 것

> 경험을 해석하고 성찰하는 시간이 없다면 우리의 경험은
> 단순한 해프닝이거나 자기 연민에 겨운 넋두리 이상이 될 수 없다. (중략)
> 때로 경험이 우리에게 삶에 대한 용기와 희망을 잃게 하더라도 인생의 길에
> 앞서 넘어진 사람들은 뒤에 오는 사람들에게 돌부리가 있음을 알려준다.
> ―《나는 페미니스트다》

아침 여섯 시면 어김없이 일어나 커피를 내리고, 컴퓨터 앞에 앉는다. 기록을 해야 한다. 글을 써야 한다는 생각이 가득하다. 갑자기 눈물이 터져 나온다. 가슴이 갑갑하고 숨쉬기가 곤란하다. 글을 쓰는 것을 포기한다. 오늘도 힘겨운 하루가 될 것 같다.

한 달 동안 아침마다 반복된 일상이다. '아동 성폭력이 나에게 남긴 것'이라는 타이틀을 정하고 글을 쓰고자 했다. 이 글을 써야만 내가 어떻게 '사건 이후'를 살아냈는지에 대해서도 쓸 수 있을 것 같았다. 그러나 그 주제를 정하고 나는 아무것

도 기록할 수가 없었다. 너무나 아프고 서러웠다.

살면서 참으로 서러운 순간이 많았다. 원치 않아도 불쑥불쑥 튀어나오는 기억과 감정을 감당하기 어려웠다.

어릴 적 사건이 있은 다음부터 줄곧 구토와 두통에 시달렸다. 울지 않고 일주일을 견디는 것도 불가능했다. 꿈을 꾸고 치유를 결심하기 전까지 원인도 모른 채 힘든 시간을 감당해야 했다. 무가치하고 사랑 받지 못하는 존재라는 생각에 나 스스로도 나를 사랑하지 못한 채 생을 저주하고 원망하기만 했다.

이 모든 것을 어떻게 세세하게 기록할 것인가? 과연 기록하는 것이 가능하기나 할까? 내가 경험한 육체적, 정신적, 심리적 고통을 어찌 기록할 수 있단 말인가? 나도 붉은 피가 흐르는 사람이라는 것을 믿고 싶은 순간이면 피를 봐야 진정이 되어 자해를 해야만 했다. 그로 인해 생긴 수많은 상처를 어찌 기록할 수 있단 말인가?

사건 자체보다 그 사건이 나에게 남긴 것이 나를 더 힘들게 했다고, 어떻게 말을 해야 할까? 말을 하면 사람들이 이해할 수 있을까? 나는 여전히 내 고통을 온전히 표현할 언어를 발견하지 못했다.

나에게 아동 성폭력은 커다란 상처였다. 어릴 적 상처는 사람을 강하게 만들 수도 있고 약하게 만들 수도 있다. 똑같이 상처를 경험했더라도 각자 성장 과정에 따라 다른 결과로 나타날 것이다. 가족들에게 지지를 받느냐 못 받느냐, 사회 전반의 성문화가 얼마나 성숙되어 있는가에 따라 전혀 다른 모습을 보일 것이다.

아동기에 성폭력을 경험하더라도 사건이 어떻게 다루어지느냐에 따라 매우 많이 달라진다. 그러하기에 열 명의 여성이 경험하고 증언하는 성폭력 사건은 10가지 모습으로 표현될 수밖에 없다. 아동 성폭력을 경험한 모든 여성이 불행하지도 않을 것이다.

불행하게도 내가 겪은 사건은 잘 다루어지지 않았고, 성폭력은 내 삶을 전반적으로 취약하게 만들었다. 살면서 줄곧 그 사건이 나를 공포로 몰아넣었다. 과거를 부정하는 것은, 과거의 경험을 바탕으로 현재를 살아가며 미래를 계획하는 역사성을 가진 사람이라는 존재성을 잊게 한다. 나는 내일에 대한 기대도, 계획도 가질 수 없었다.

에릭슨의 인간발달 원리를 빌어 설명하지 않더라도, 사람은 성장하면서 터득해야 하는 중요한 감정이 있다. 나에게 있어 아동 성폭력의 경험은 사람과 세상에 대한 믿음과 관계 맺기를 파괴했다. 자존감과 안전감을 기본적으로 흔드는 사건이었음을 부정할 수 없다. 무엇보다 치명적인 것은 나이를 먹고 성장하는 과정에서도 줄곧 영향을 끼쳤다는 것이다.

성장하면서 그 사건은 불쑥불쑥 떠올랐다. 그럴 때마다 참을 수 없는 두통과 공포가 찾아왔다. 상담을 받으면서 외상 후 스트레스 장애(PTSD)라는 진단명을 받고 증세가 이해되었지만 그 감정을 감당하는 것은 여전히 어려운 일이다.

외상 후 스트레스 장애를 가지고 살아간다는 것은 밥을 먹고 잠을 자는 사소한 일상부터 미래를 계획하고 준비하는 일까지 매사에 어려움을 겪는다는 것이다. 나는 때때로 빛이 나고 생기가 있고 영민했지만 그보다 더 자주 무기력하고 파괴적이었다.

나에게 트라우마는 불안, 불면, 몸의 마비, 구토, 섭식장애, 우울감으로 나타났다. 특히 쉽게 깜짝 놀라고 불안해하며 잠을 자지 못하고 집중하기가 어려웠다. 밥 먹고 잠드는 일상조차 나에게는 어려운 일이었다. 내 일상의 대부분을 트라우마가 지배했다. 나라는 사람이 존중 받고 가치 있는 사람이라는 생각을 할 수 없었다.

나는 내가 무엇을 좋아하는지, 무엇을 하고 싶은지, 무엇을 원하는지, 내가 잘할 수 있는 것이 있는지 알지 못한다. 내가 존중 받아야 할 사람인지조차 혼란스러웠다. 나는《트라우마》

의 저자 주디스 허먼의 말처럼 항상 패잔병 같았으나, 질 수밖에 없는 그 싸움을 인정받지 못하였다.

안타깝게도 나는 지금도 내가 완전하게 회복되리라고 말할 수 없다. 어느 정도 나아지기는 할 것이다. 지난한 치유 과정을 마치 전투를 치르듯이 해나가면서 나에 대한 원망에서 벗어나 파괴적인 선택을 더는 하지 않을 것이다. 그러나 나에게 일어났던 사건이 사라지지 않듯이 나는 때때로 아프고 서러울 것이다. 그 서러움이 나를 힘들게 하고 절망하게 할 것이다.

그럼에도 불구하고 아주 조금씩 나를 회복시켜 나가는 이유는 단 하루라도 나답게 살고 싶기 때문이다. 맑고 빛나는 영혼으로 나에게 주어진 생을 성실하게 마주하고 싶다.

4년간 상담을 진행하면서 그리고 치유의 길을 가면서 올해 들어 처음으로 '나는 강간당했어요'에서 한걸음 나아가 '어떻게' 당했는지를 말하고 기록할 수 있었다. 꿈이었으면 좋겠다고, 현실이 아니라고 부정하고 싶은 마음을 거부하기로 했다. 사실을 말하고 글을 쓰면서 현실을 인정하기로 한 것이다.

사건을 구체적으로 말하고 기록하면서 나는 놀라운 경험을 하게 되었다. 내 몸과 마음의 고통이 형체를 갖게 되고, 그러면서 그 고통과 서서히 멀어질 수 있었다는 것이다. 파편화되었던 기억이 구조화되면서 고통은 흐려지고 나는 과거와 현재, 미래의 역사성을 가진 사람이 되어가는 느낌이 들었다.

  이 글은 모든 아동 성폭력 피해 여성들에 관한 이야기가 아니다. 내 이야기일 뿐이다. 사람의 생이 다 다르듯이 성폭력 피해자들의 삶도 다 다를 것이다. 내 이야기는 성폭력을 경험하고도 잘 살아냈다는 해피엔딩은 아니다. 그러나 온전한 한 사람으로서의 역사성을 갖기 위해 나는 그동안 기록되지 못한 내 이야기를 힘들게 하고 있는 것이다.

◇◇◇◇◇◇◇◇◇◇◇◇◇◇◇◇

  어릴 적 우리 집은 지독하게 가난했다. 나에게 가난은 단순히 불편함이 아니라 비참한 것이었다.

  엄마는 항상 생계를 위해 일을 하셨다. 배운 것 없는 엄마가 할 수 있는 일은 제한적이었고, 수입도 변변치 않았다. 항상 먹을 음식도 부족했다. 쌀이 없어 김치죽으로 끼니를 때우는 날이 많았던 탓에 지금도 나는 김치죽을 먹지 않는다. 초등학교 때는 일주일씩 굶기도 했다.

  나에게 아동 성폭력의 경험은 지독한 가난과 같은 그림으로 새겨져 있다. 내가 여자라기보다는 가난해서 성폭력을 당했다고 생각하며 살았다.

어릴 적에 방 한 칸만 있었다면 식당 주변에서 시간을 보내지 않아도 됐을 테고, 그러면 강간을 피했겠다 싶었다. 열두 살 때 집에 방이 하나만 더 있었어도 할머니 집에 자러 가지 않아도 됐을 테고, 그러면 강간당하지 않았겠지, 하는 생각을 했다.

학비를 마련하기 위해 아르바이트를 하지 않아도 되었다면 힘든 일을 겪지 않았겠지, 라고 생각했다. 그 후에도 부유한 부모를 두었다면 이러저러한 일을 경험하지 않았을 것이라고 생각했다. 가난했기에 일을 해야만 했고, 그 와중에 부당한 일을 경험했으니, 가난이 원인이라고 설명할 수밖에 없었다.

여성주의에서 말하는 것처럼 성폭력이 권력의 문제이기는 하지만 남성과 여성의 권력보다도 사회 계층이 중요하다고 생각했다. 적어도 나에게는 그러했다.

사회적 공분을 사고 있는 최근의 아동 성폭력 사건을 보면서 나는 그 아이들의 가난이 마음 아팠다. 가난은 개인의 문제도 아니고, 더더욱 아동의 문제는 아닐진대, 가난해서 성폭력 피해를 경험해야 한다는 것은 끔찍한 일이다. 범죄심리를 다루는 이수정 교수가 "아동 성폭력이 가난한 동네로 옮겨가고 있다."라고 쓴 글을 보면서 화가 났다.

가난할수록 성폭력에 취약하다는 것은 성폭력이 단순히 성의 문제가 아니라 약자에 대한 폭력이라는 사실을 말해준다. 성욕을 해결하기 위한 문제가 아니라는 것이다.

 이 글을 쓰고 3일을 앓아누웠다. 너무도 아파서 견딜 수가 없었다. 나의 결핍은 마음속에 똬리를 틀고 앉아 내가 약해지는 순간을 기다린다. 기회가 생기면 언제든지 나를 삼킬 준비를 하고 있다. 나에게 결핍은 가난과 함께 찾아온 성폭력이었음을 부정할 수 없다.

# 17
# 성폭력과 성관계,
# 불안한 경계

사회적 설명이 필요한 문제는 왜 어떤 여성들의 경우
강간을 참아주는가가 아니라 어떻게 몇몇 여성들이
용케도 그것에 반발하느냐이다.
– 캐서린 맥키넌《강간: 강요와 동의에 대하여》

사람은 누구나 힘든 일을 견딜 수 있게 해주는 기억을 가지고 있다. 삶을 지탱해주고 자신을 믿게 하는 기억. 그런 기억이 많을수록 자존감이 높은 사람이 된다. 자존감은 자신을 보호하는 힘을 준다. 나에게도 그런 기억이 있다.

어느 작가의 말처럼 사춘기는 인생의 소나기와 같다. 짧지만 강렬한 시간.

가끔씩 찾아오는 두통으로 진통제를 자주 복용했지만 나의 십대는 보통 여학생들과 크게 다르지 않았다. 사람을 믿지 못했고, 친구들과 나누지 못하는 비밀을 간직하고 있었고, 공부에 흥미는 없었지만, 특별한 문제를 일으키지는 않는 평범한 학생이었다.

어린 시절 성폭행을 경험한 나는 창녀가 되는 것 말고는 할 일이 없다고 생각했다. 때문에 당연히 공부에 흥미가 없었다. 수업시간에도 항상 멍하니 창밖을 내다보고 시를 쓰는 일에 몰두하였다. 나는 창녀가 될 운명이기에 희망이 없었다. 약한 몸으로 태어난 덕에 '아프다'는 한마디면 학교에 가지 않아도 됐고, 시험을 치지 않아도 되었다.

나는 어디에도 마음을 두지 못했다. 그 사건은 학창시절을 온통 우울하게 만들었다.

절망적이기만 할 것 같던 내 삶이 잠깐이나마 반짝이는 생기를 찾은 일이 있었다. 그것은 아주 작은 관심에서 시작되었다. 한국에서 고3을 보낸다는 것은 누구에게나 힘든 기억일 것이다. 그러나 그때 나는 처음으로 생기가 넘쳤다.

고3이 되고 담임선생님이 나를 불렀다. 선생님은 내 손을 꼭 잡고 말했다. 고2 때부터 너를 지켜봤다, 잘할 수 있을 것 같은데 공부를 안 하는 것 같아 실망이 크다, 그런 요지의 말을 했다. 그러면서 무엇이 되고 싶은지 물었다. 나는 창녀가 될 운명이라고 말하지는 못했다. 그냥 모르겠다고 대답했다. 선생님은 사춘기는 인생의 소나기와 같으니 지금 시기를 잘 보내면 무엇이든 할 수 있다고 말했다. 그리고 내 등을 두드리며 말했다. "너를 믿는다."

처음이었다. 나를 따스한 눈빛으로 바라보면서 믿는다고 말하는 어른을 만난 것이. 온전히 나를 믿어주는 사람을 만났다는 것은 커다란 힘이 되었다. 이상하리만큼 담임선생님은 나에게 애정을 주었다. 나는 그 믿음에 보답하고 싶었다.

공부를 하기 시작했다. 성적이 놀라울 정도로 향상되었다. 다음 달 시험에서 일등이라는 성적표를 받았다. 담임선생님은 교무실에서 다른 선생님들에게 자랑을 했다. 우리 반 일등이라고, 아주 성실하고 똑똑한 아이라고. 그런 칭찬을 받은 적이 없었다.

초등학교 때도 중학교 때도 공부를 못하는 편은 아니었지만 공부 잘하는 오빠와 항상 비교 당했다. 상장을 타 가도 누구 하나 좋아해주는 사람이 없었다. 심지어 성적이 바닥을 쳐도 혼내는 사람조차 없었다. 나에게 필요했던 것은 관심이었는지도 모른다.

나도 할 수 있다는 것을, 내 뜻대로 무언가를 이룰 수 있다는 사실을 터득하였다. 살면서 나 자신에 대한 믿음이 부족하다고 느낄 때, 무언가를 시작하기 두려울 때, "너를 믿는다"라는 그 말을 떠올리곤 한다.

벼락치기 공부를 한 탓에 좋은 대학은 아니라도 서울에 있는 4년제 대학에 입학했다. 잠시나마 창녀가 되지 않아도 된다고 생각했다. 나에게 다른 삶이 가능하다는 꿈을 꾸기 시작했다. 그러나 그 꿈도 그리 오래가지는 못했다.

1994년 대학은 사상적으로 자유로운 분위기였다. 나는 학비를 마련하기 위해 과외를 하고 연애를 하며 대학생활을 만끽했다.

내게도 다른 삶이 가능할 것 같았다. 늦게 공부를 시작한 덕분인지 다른 친구들처럼 공부가 지겹거나 힘들지 않았다. 모든 것이 순조로워 보였다. 처음으로 친구들도 사귀고, 미팅에서 내가 마음에 드는 남자를 선택하기도 하고, 동기들이 부러워하는 연애를 하기도 했다. 젊고 생기 있고 매력적인 청춘을 보내고 있다는 생각에 마음이 뻐근했다.

그 사건이 있기 전까지 내 생애 가장 찬란했던 시절은 아름다웠다. 아무도 내 과거를 몰랐다. 새로운 삶을 만들어갈 수 있을 것이라는 자신감이 넘쳤다. 그러나 찬란한 청춘도 얼마 가지 못할 운명이었나 보다.

여름방학이 시작되고 선배가 일하던 비디오방에서 대타로 일을 하게 되었다. 그 당시에 비디오방이 막 생기기 시작했다. 나는 좋아하는 영화를 마음껏 볼 수 있을 것 같아서 기꺼이 일을 맡았다. 방학 동안 그곳에서 일하기로 했다. 최저임금이 1,700원이던 시절이었다. 등록금 200만 원을 마련하기 위해서는 방학 내내 일을 해야 했다. 저녁에는 과외를 하고 낮에는 비디오방에서 일했다.

유난히 더웠던 어느 여름 날, 아르바이트를 한 지 보름 정도 지났을 때인 것 같다. 아침 10시에 가게 문을 열고 청소를 하고 있는데 사장이 들어오더니 사무실로 나를 불렀다. 사장은 가게를 여러 개 운영하는 터라 가게에 없을 때가 더 많았다. 사장은 일하기 어떠냐며 이런저런 이야기를 했다.

30대 사장은 어제 늦게까지 친구들 모임에 참석했더니 피곤하다며 잠시 사무실에서 쉬어야겠다고 했다. 내가 사무실을 나오려는데 사장이 내 팔을 잡아챘다. 나는 균형을 잃고 소파로 넘어졌다. 사장은 넘어진 내 위에 올라타더니 거칠게 치마를 걷어 올렸다. 허우적대던 내 팔은 이내 다른 손에 제압당했고, 무릎에 눌린 가슴은 갑갑했다. 이내 그 사람은 자신의 욕구를 쏟아냈다.

어려움을 헤쳐 나가는 데는 두 가지 방식이 있다. 저항하거나 굴복하거나. 나는 굴복하는 데 익숙해 있었다.

나는 왜 저항하지 못했을까? 자신보다 강한 상대에게 저항하는 데는 용기가 필요하다. 용기를 발휘하려면 자신의 행동이 상황을 바꿀 수 있다고 믿거나, 싸움에서 이겨본 경험이 있어야만 가능하다. 항상 싸움에서 져온 사람은 굴복에 익숙해진다. 특히 상대가 아주 강하다고 느끼는 경우에는 더욱 그러하다.

나에게 어릴 적 성폭력 경험이 없었다면 저항이 가능했을까? 하는 생각을 가끔 해본다. 그럴 수도 있다. 또한 아닐 수도 있다. 분명한 것은 저항은 용기를 필요로 하고 다른 가능성이 있다는 사실을 아는 사람만 저항할 수 있다는 것이다. 한데 나에게는 그것이 없었다.

성폭력이라는 것은 나에게 너무 큰 공포였다. 스무 살이 되어서도 나는 공포에 질려 아무런 저항을 할 수 없었다. 나를 압도해버린 공포를 몸이 기억하고 있어서 이러한 상황이 되면 무기력해지고 아무것도 할 수 없게 된다.

그날의 사건도 애당초 나에게는 저항이 불가능했다. 예상치 못한 일이었고, 당황스러웠다. 그럼에도 불구하고 죽기 살기로 저항하지 못한 나 자신을 비난했다. 자책한다는 것은 사건의 책임을 스스로에게 돌리는 어리석은 짓일 뿐이다. 하지만 그때까지 나는 자책하는 것 말고 달리 할 줄 아는 것이 없었다.

내가 경험한 일을 무엇이라고 불러야 할지 몰랐다. 당시에 나는 그 사건을 성폭력이나 강간이라고 부르지 못했다. 내가 아는 강간은 어린 아이가 저항하지 못해 당하는 사건이거나, 영화나 드라마에서처럼 칼을 들고 협박하는 남자에게 맞서서 죽기 직전까지 저항해야 하는 것이어야 했다.

그렇다고 해서 그것을 성관계나 섹스라고 말할 수도 없었다. 분명 나는 그런 식의 관계를 원하지 않았다.

성관계인지 성폭력인지 모를 정도로 성폭력에 대해 무지했고, 어디서 도움을 받아야 하는지도 알지 못했다. 그 사건을 어떻게 불러야 할지 몰랐기 때문에, 나는 어떻게 행동해야 하는지도 알 수가 없었다. 다만 다음에는 저항하리라, 이런 식의 관계는 하지 않으리라 다짐했다.

다음 날 아무 일도 없었던 듯이 아르바이트를 하러 가게에 갔다. 자신의 욕구를 충족한 사장은 더욱 집요하게 나에게 지분거렸다.

어느 날 사장의 어머니가 그 상황을 목격하게 되었다. 나는 가게에서 뛰쳐나왔다. 왜 나에게 이런 일이 자꾸 일어나는지, 사는 게 서러웠다.

사장은 내 의사와는 상관없이 아내와 이혼하고 나랑 결혼하겠다고 나섰다. 그 사람은 정상이 아니었다. 사장의 어머니도 정상이 아니기는 마찬가지였다. 그 어머니는 아들이 여자를 임신시켜서 결혼을 시켰는데 "너를 진짜 사랑하는 것 같다"고 내게 말했다. 그 기막힌 상황에서 화조차 내지 못하는 나도 정상이 아니었으리라.

모든 남자와 여자의 관계가 이런 것인지, 내 인생이 저주받은 삶인지 알 수 없었다. 그리고 나는 누군가를 사랑할 수 없는 부끄러운 몸이라는 생각이 들었다.

무더운 여름이 힘겹게 지나갔다. 나는 제대로 된 이유를 설명하지도 못한 채 첫사랑에게 이별을 통보했다. 그리고 학교를 휴학했다. 나는 사랑조차 할 수 없는 사람이 되어버린 듯했다. 반짝 빛나고 생기가 있던 시절은 그렇게 짧게 끝이 났다.

성관계와 성폭력, 그때는 그 사건이 무엇인지도 몰랐다. '내 몸은 나의 것이다'라는, 그리 거창하지 않은 명제를 알게 된 지금에 와서 그 사건은 '성폭력'이라는 이름을 얻었다.

◇◇◇◇◇◇◇◇◇◇◇◇◇◇

대학에 합격하고 유명한 레스토랑에서 아르바이트를 했다. 입학할 때까지 시간이 있었다. 나는 대학생이 된다는 기대감에 들떠 있었다. 그곳에서 한 아이를 만났다. 준수한 외모에 성품도 좋아서 누구나 반할 듯한 아이였다. 그 아이는 나보다 한 살 어렸다. 우리는 금세

친해졌다.

어느 날 그 아이가 고백을 했다. "누나, 나 누나가 좋아요. 저에게는 누나가 둘 있는데, 누나를 보면 우리 친누나들이 떠올라요. 성실하고 강하고 명랑한."

나는 그 아이의 고백에 마음이 설레었다.

우리는 학교에 입학을 하고 나서는 일을 그만두었다. 서로 다른 학교에 다녔기에 자주 볼 수는 없었지만 가끔씩 그 아이를 만나면 무척 행복했다. 그 아이는 내가 다니던 학교 근처에 살고 있었다. 시간이 나면 자기 집에서 밥을 차려주었다. 그러고는 내가 먹는 모습을 사랑스러운 눈빛으로 바라보곤 했다.

그 아이의 고백에 시간을 두고 생각해보자고 대답했지만 나도 그 아이가 좋았다. 그 아이는 학교에서 여학생들에게 인기가 많았는지 가끔 여자 선배에게 선물을 받았다며 나에게 미안해했다. 그럴 때면 "거절할 수 없어서 이번만 받겠다고 하고 받았는데, 누나 괜찮아요?"라고 말하며 내 눈치를 살폈다. 나는 신경이 좀 쓰이긴 했지만 무심한 척 "괜찮아" 하고 대답했다.

아르바이트하랴 공부하랴 지친 나를 그 아이는 세심하게 배려해주었다. 일을 마치고 집에 가는 길이면 그 아이는 나와 같이 버스로 동행해주었다. 버스에 나란히 앉아 내가 잠들 수 있도록 어깨를 빌려주고, 차가 흔들려 잠에서 깰까 봐 살포시 내 머리를 감싸주기도 했다.

나는 선배들과 친구들에게 자연스레 그 아이를 소개하게 되었다. 우리는 서로를 아끼는 여느 연인들처럼 많은 시간을 함께했다.

그 아이는 유학을 준비하고 있었다. 그리고 나에게 함께 가자고 했다. 학비와 살 집은 해결이 가능하다며 미래를 이야기하기 시작했다. 그 아이와 내가 함께 만드는 미래. 사랑을 받는 것도 사랑을 하는 것도 어색하기만 한 나와 달리 그 아이는 사랑을 하는 데 있어서 당당하고 솔직했다.

나는 이 관계가 어렵게 느껴지기 시작했다. 언제부턴가 나에게는 미래가 없었다. 한 번도 미래를 생각해보지 않은 나에게는 불가능한 현실 같았다. 또한 나를 '여자의 몸'이 아닌 '사람'으로 대하는 남자를 만나는 것도 어색하기만 했다.

그렇지만 그 아이와 함께라면, 어설프지만 미래가 가능할 것 같기도 했다. 그 아이가 꿈꾸는 미래도, 내 손을 꼭 잡아주던 느낌도 좋았다. 그 이상 스킨십을 요구하지 않는 것도 좋았다. 진심으로 그 아이에게 지친 마음과 몸을 기대고 싶다는 생각이 들었다.

그런데 비디오방에서 사건이 있은 후 그 아이 옆에 있는 나 자신이 너무도 부끄러웠다. 너무 좋은 사람이기에 나는 그 아이랑 함께할 수 없다고 느꼈다. 그러나 왜 헤어지려고 하는지 설명할 수 없었다. '너처럼 멋진 사람이랑 함께하기엔 나는 너무 더러운 여자야.'라고 말하고 싶었지만 차마 그 말을 할 수가 없었다.

"나는 네가 싫어." 마음에도 없는 말을 차갑게 내뱉을 수밖에 없었다. 그 아이는 설명을 요구하지도 화를 내지도 않았다. 그 아이는 눈물을 흘리며 "내가 부족한 거 알아. 누나가 참 좋았어."라는 말만 했다.

나는 그 아이를 남겨두고 얼른 발길을 돌려 걸음을 재촉했다. 그 아이를 붙잡고 싶은 마음이 들까 봐, '나 강간당했어. 그래도 괜찮아?'라는 말을 하고 싶을까 봐 뒤도 돌아보지 못했다.

인사동 길을 함께 걷고 조조 영화를 같이 보면서, 언제까지나 그 아이와 함께하고 싶었다. 그러나 내 첫사랑은 그렇게 끝이 났다.

시간이 한참 흐른 지금도 그 아이를 생각하면 마음이 아프다. 성폭력이 몸을 더럽힌다는 어리석은 생각에 설명도 없이 이별을 통보했으니, 그 아이가 받은 상처도 적지 않았을 것이다.

# 18
## '가족'이라는 어려운 관계

 안개가 무겁게 내려앉은 날이면 자동차는 비상등을 켜고 달린다. 서로에게 안전거리를 지키라는 신호이다. 사람과의 관계에서도 안전거리를 알려주는 비상등이 있었으면 좋겠다는 생각을 한다. 때로는 상처를 받더라도 나 자신이 무너지지 않을 만큼의 거리를 알려주는 비상등.
 8남매의 맏며느리였던 엄마는 남편의 외도와 폭력, 경제적 무능력에도 불구하고 마치 의무를 다하듯 명절과 제사를 준비했다. 지독히도 가난한 살림이었는데도 희한하게 명절과 제삿날이면 음식이 한 상 차려졌다. 철없던 시절 나는 엄마가 음식을 준비하는 그때가 참으로 좋았다. 조상에게 바칠 음식을 준비하는 시간을 성스럽게 여기는 듯 그날만큼은 엄마의 화도 짜증도 신세 한탄도 잠잠해졌다.

그때는 그런 엄마가 이해되지 않았다. 명절을 혼자 준비해야 하는 것도, 명절을 앞두고는 잠잠해지는 가부장의 폭력도, 마치 엄마가 이용당하는 것만 같아서 화가 날 때가 있었다. 그런 기분이 들 때면 나는 음식 만드는 일을 도우면서 일부러 할머니와 작은어머니들의 부당한 처사에 대해 큰 목소리로 이야기했다. 엄마는 당신의 도리를 다할 뿐이라며 '어른에 대해 함부로 말하는 나쁜 아이'라고 나를 혼내셨다.

엄마의 '도리'는 이혼을 하고도 3년간 지속되었다. 법정다툼까지 갔지만 엄마는 자식들에게 그런 모습을 보이고 싶지 않았는지 혼자서 그 어려운 과정을 다 처리했다. 법정다툼이 끝난 후에도 아빠는 3년 동안이나 집에서 나가지 않고 지속적으로 폭력을 휘둘렀다. 엄마는 3년간 제사를 지내고 명절이면 음식을 준비했다. 그 이상한 관계는 내 신고로 아빠가 유치장 신세를 지고, 새로운 여자의 집으로 가면서 끝이 났다.

나와 형제들은 그 악마만 우리 집에서 방출되면 평화를 찾을 수 있을 거라 여겼다. 하지만 우리 형제가 원하는 화목한 가족은 현실에서 가능하지 않다는 사실만 확인하게 되었다.

오래된 상처에 우리는 너무 지쳐 있었고, 각자 자신을 돌보기에도 너무 버거워 보였다. 상처가 아물고 관계를 회복하기 위해서는 시간과 노력이 필요했지만 우리는 어떻게 해야 할지 몰라 어색했다. 마치 가시 돋친 선인장처럼 서로를 아프게 하면서 함께 지냈다. 회복을 위한 시간이 필요하다는 것을 그때는 알지 못했다. 가족이라는 이름으로 서로에게 의지하려다 서로의 가시에 찔려 아프기만 했다.

누구보다 엄마의 우울이 깊어만 갔다. 마치 바닥이 보이지 않는 깊은 우물에 빠진 것처럼 엄마는 무기력해졌고 자주 눈물을 보였다. 엄마의 깊은 상처를 알기에 우리 형제들은 엄마에게 효도하는 것이 엄마의 삶을 보상이라도 해주는 듯 최선을 다했다. 하지만 달라지는 것은 없었다. 원인이 사라진다고 해서 상처가 치유되지는 않았다. 오히려 결핍만 드러낸 채 점점 더 깊은 우물 속으로 들어가게 했다.

엄마는 힘들게 지켜온 가정이 무너졌다는 사실을 받아들이기 힘들다고 했다. 자식들의 호소로 이혼을 했지만 드라마에서처럼 남편이 늙고 병들면 조강지처를 찾아올 거라고 엄마는 믿고 있었다. 그러면 병 수발을 하겠다고 이야기하곤 했다.

그러나 현실은 드라마와 달랐다. 아빠는 새로운 여자와 새 가정을 꾸리고 잘 살고 있었고, 평생을 맞고 살며 고생한 엄마는 병이 들었다.

엄마는 정상 가족에 대한 갈망이 컸다. 자신이 이혼녀라는 사실을 받아들이기 힘들어했다. 그 옆을 지키던 나도 함께 그 우물에 들어가려 하고 있었다. 이제는 좀 자유롭게 살라는 오빠의 권유에 따라 나는 엄마와 거리를 두고 살게 되었다.

그렇게 조금은 마음에 여유가 생기고 나도 안정을 찾아가던 즈음, 어릴 적 강간당하는 꿈을 꾸게 되었다. 나도 모르는 새 깊게 묻어 두었던 공포와 두려움에 사로잡히게 되었다. 모든 것이 불안정하고 혼란스러웠다. 엄마가 사로잡혀 있던 어둡고 깊은 우물에 내가 들어가 앉아 있는 듯했다. 그 우물에서 벗어나고자 몸부림치다가 더더욱 생채기가 났다.

다음 해 명절에 형제들이 모두 모였다. 오랜만에 찾아간 나에게 가족들은 한마디씩 했다. 그 말들은 가시처럼 날아와서 나를 할퀴어댔다. 형제들은 내가 겪은 일을 알지 못했기에 내가 왜 그렇게 힘들어하는지 알지 못했다. 그러다 보니 같은 집에서 살았는데 왜 너만 유난하게 힘든 척하고, 실패자로밖에 살지 못하느냐고 말했다. 맏딸이라 돈을 벌기 위해 대학을 포기했던 언니는 결혼하기 전 엄마에게 집을 사주었다. 뒤늦게 공부를 시작한 오빠는 대학과 대학원을 우수한 성적으로 졸업하고 대기업에 다니고 있었다.

그런데 "도대체 너는 하는 게 뭐냐"는 비난이 날아왔다. 맞는 말이었다. 하지만 그래서 더 서러웠는지도 모르겠다. 그날 나는 우물에서 기어나오기 위해 하지 말았어야 하는 말을 쏟아냈다.

아빠가 칼을 들던 날의 기억. 한 번도 입 밖으로 꺼내지 못하고 내 머릿속에 선명하게 박혀 있던 칼날의 번뜩임. 아직도 두렵고 아찔한 그 기억을 이야기했다.

그리고 명절이면 내가 집에 있을 수 없었던 이유도 발설했다. 나를 강간한 삼촌이 아무렇지도 않게 집으로 오는 날이기에 내가 나가지 않으면 죽을 것 같았다고. 이야기를 하는 것이 아니라 내 속에 있던 응어리를 쏟아내고 있었다.

내 입에서 나간 말은 단 두 가지 사건이었지만 가족들은 받아들이기 힘들었으리라. 공감과 지지에도 연습이 필요하다. 우리 가족은 공감하고 지지하는 연습이 부족했던지 내 말이 끝나자 말없이 각자 방으로 들어가버렸다. 나는 거실에 혼자 남겨져 있다가 내가 사는 집으로 돌아왔다. 가족들이 함께 울어주었다면 내 안의 가시가 녹아내릴 수 있었을까?

그 후 몇 달 만에 엄마가 나를 찾아왔다. 엄마도 힘들었겠지만 나도 힘들었다고, 노력하고 있으니 2년만 시간을 달라고 부탁했다.

2년이 훌쩍 지나 어느새 5년이 되어가지만 나는 여전히 가족을 만나는 것이 두렵다. 보고 싶은 엄마지만, 막상 다가가면 엄마의 가시에 찔릴까 겁이 난다. 엄마의 가시가 나에게 상처가 되지 않으려면 내가 우물에서 나와야만 한다.

명절이 다가오면 세상에 온전히 혼자 던져진 듯한 기분에 사로잡힌다. 5년이라는 시간으로는 부족한지 여전히 적응하기가 어렵다.

올해도 어김없이 추석이 다가온다. 나는 여전히 혼자 맞는 명절을 낯선 표정을 지으며 보낼 것이다.

# 19
# 대한민국에서
# 20대 여자로 산다는 것

 20대는 인생에서 가장 아름답고 찬란한 시절이라 일컬어진다. 인생의 황금기와 같은 청춘. 과연 그럴까?

 신이 나에게 20대로 되돌아가게 해준다고 한다면 나는 단호하게 거절할 것이다. 30대의 정신으로 20대를 살아간다면 조금은 달라질 수 있겠지만, 20대의 불안정한 정신으로 20대의 몸을 가지고 살아간다는 것은 결코 쉬운 일이 아니다. 다시는 그 시절로 되돌아가고 싶지 않다.

 나의 20대, 몸은 어른이었으나 정신은 아직 성숙하지 못한 시절이었다. 나는 너무 순진하고 나약한 채로 세상에 던져졌다. 수동적인 여성성을 강요받고 자란 세대이기에 올바른 남녀관계를 배울 기회도 없었다. 내 가치관하고는 상관없이 항상 성적으로 대상화되는 상황에 부딪혔다.

대한민국에서 20대 여성으로 살아간다는 것은 결코 만만한 일이 아니다. 여성의 젊은 몸은 동경의 대상이 되기도 하지만 쉽게 성적으로 대상화되기도 한다.

주체적인 인간으로 살아가기에 젊은 육체는 버거운 짐과 같았다. 끊임없는 성적 유혹과 제안, 강요가 나를 괴롭혔다.

대학에 입학하자마자 같은 과 동기의 아버지가 운영하는 일식집에서 서빙을 하게 되었다. 어느 날 친구의 아버지가 나에게 이렇게 말씀하셨다. 동네에 어떤 아저씨가 있는데 나를 마음에 들어 한다고. 상가 주인이라는 말도 덧붙였다. 그 아저씨가 집을 한 채 사줄 테니 살림을 차려볼 생각이 없느냐고 했단다. 학교 다니면서 아르바이트 하는 것을 보니 형편이 넉넉지 않은 것 같은데, 누이 좋고 매부 좋은 것 아니냐고도 했다. 그 사람에겐 부인이 있으니 가끔 만나기만 하면 된다고, 생각해보라고 했다.

그 말을 듣고 나는 그날로 일을 그만두었다. 이제 스무 살짜리 자기 딸의 동기에게 그런 말을 하는 사람은 정상이 아닐 거라고 여겼다. 동기에게 차마 말을 하지 못했다. 무슨 이유에서 인지 그 친구도 나를 멀리하는 듯했다.

정상이 아닌 것으로 보이는 어른을 만나기는 어려운 일이 아니었다. 아르바이트가 끝나고 집으로 가는 버스를 기다리는 버스정류장에서도, 택시 안에서도 데이트를 하자는 남자들이 있었다. 그들은 사람과 사람 간의 관계를 원하는 것이 아니었으므로, 그런 제안이 있을 때마다 마치 내가 상품이 되어버린 듯해서 불쾌했다. 화를 내도 상한 기분이 쉽게 회복되지 않았다.

특히 아르바이트를 하는 곳에서는 권력 관계가 작용하고 있었으므로 쉽게 희롱을 당했다.

방학 때가 되면 나는 학비와 생활비를 마련하기 위해 아르바이트를 많이 했다. 새벽 4시에는 공장으로, 10시에는 커피숍으로, 오후에는 학원으로. 숨 쉴 틈도 없이 바쁜 일과였지만, 일 자체는 크게 힘들지 않았다. 그보다 권력을 이용해 약한 여자를 희롱해 보려는 뻔뻔한 남자들과의 관계가 더 힘들었다. 그들은 단순하게 노동력을 제공하고 정당한 대가를 받는 거래만 요구하는 것이 아니었다.

공장에서 일을 할 때는 그 회사 과장이 집요하게 스토킹을 했다. 공장에서 하는 일은 새벽일이라 당시에 시급이 3,000원이나 되었다. 나에게는 그 일이 절실했다. 다른 일보다 보수도 많았고, 개강을 해도 새벽에 하는 일이기 때문에 계속할 수 있었다. 다른 아르바이트를 그만두고 그 일만 해도 학교 다니는 데 지장이 없을 것이라 여겼다.

나는 누구보다 성실했다. 한 번도 지각을 하지 않았다. 아주머니들과 같이 일을 하는데도 누구보다 손이 빨랐다. 같이 일하는 사람들은 물론 회사 관리자들의 믿음을 얻었다. 담당자는 내가 시간이 날 때는 저녁에도 일을 할 수 있게 배려해주었다. 아주머니들도 편한 일을 내가 하게끔 배려해주었다.

그런데 과장이 나에게 따로 만나자고 요청하면서부터 일이 꼬이기 시작했다. 나는 만나자는 제안을 거절했으나, 그 사람은 새벽에 출근하는 나를 붙잡고 같은 말을 반복했다. 그는 만나달라고 끊임없이 요구했다. 퇴근길에도 불쑥불쑥 나타나서 화를 내기도 하고 나를 달래기도 했다. 나는 나대로 화를 내기도 하고 농담으로 웃어넘기기도 했으나 그 사람의 집요한 요구는 계속되었다.

그 사람은 나를 해고할 능력도, 여유 시간에 일을 할 수 있게 배려해줄 능력도 있었다. 그만한 권력을 갖고 있기 때문인지 그 사람에게 내 반응과 감정은 중요하지 않은 모양이었다. 여자의 거절이 거절로 받아들여지는 사회가 아니라는 것도 문제였다.

　사랑이라는 이름으로 포장된 스토킹은 내가 어떻게 한다고 해서 통제할 수 있는 것이 아니었다. 차 한잔만 마시면 된다는 그의 요구를 어쩔 수 없이 받아들이자 다음에는 데이트를, 그 다음에는 잠자리를 요구하기 시작했다. 일방적인 관계는 폭력을 동반하는가 혹은 꽃다발을 든 낭만적인 고백인지가 중요하지 않았다.

　처음 만나 차를 마시고 나서 한참이나 지난한 시간을 보내고 나서야 그 관계가 끝이 났다. 그 사람의 요구가 극으로 치달을수록 나는 그 사람이 더 싫어지고 미워졌다. 함께 일하는 아주머니들이 말하듯이 시골 총각의 순진하고 곡진한 애정이 아니었다. 다른 사람들 눈에는 그렇게 보일지 몰라도 집착과 폭력은 사랑이라는 이름으로 포장되어서는 안 되는 것이다.

　그만하자고 내가 요구하면 그 사람은 때로는 눈물로, 때로는 욕설로 대응했다. 때로는 내 앞에서 죽어버리겠다고 협박하기도 하고, 때로는 나를 죽이겠다고 으르렁대기도 했다.

　나는 결국 아르바이트를 그만둘 수밖에 없었다. 연락처를 모두 바꾸고도 그 사람이 나타날 것 같아 두려움에 시달렸다. 그 두려움을 이겨내는 데 오랜 시간이 필요했다.

대학로 커피숍에서 아르바이트를 할 때는 방송국 피디라는 사람에게 드라마 캐스팅을 받은 적이 있다. 나는 연예인이 될 생각도 없었고, 연예인을 할 만한 외모도 재능도 안 된다는 것을 너무 잘 알고 있었다. 나는 어릴 적부터 못생겼다는 소리를 듣고 자랐다. 무엇보다 어릴 때 경험한 성폭력으로 인해 다른 사람 앞에 서는 것에 두려움을 갖고 있었다. 내게는 말도 안 되는 제안이었으니 가볍게 무시할 수 있었다.

그러나 그는 카메라 테스트라도 하자며 내가 일을 마칠 때까지 기다렸다. 내가 일을 마치자 그는 카메라 테스트를 핑계로 슬쩍 스킨십을 했다.

나는 화를 내며 경찰에 신고를 했다. 경찰은 그 사람이 처벌받을 만한 죄를 저지른 것은 아니라고 말했다. 그 사람은 피디가 아니었지만, 그렇다고 내가 피해 본 것이 없다는 것이었다. 돈을 뺏기지도 않았고, 강간을 당하지도 않았으니 말이다.

내가 만일 연예인을 희망하는 사람이었다면 그의 제안을 쉽게 거절할 수 있었을까? 모르는 일이다.

그 후 직장 생활을 할 때도 별반 다르지 않았다. 회식 자리에서 남자 상사들은 "술은 여자가 따라야 맛이 난다"며 술을 따르게 했다. 어깨를 주무르라는 요청 정도는 웃어넘길 수 있어야 했다.

나에게 있어 20대는 내가 끊임없이 성적으로 대상화되는 존재라는 것, 그것을 거부하는 순간 쉽게 위치가 흔들릴 수 있는 나약한 존재라는 사실을 깨닫는 시간이었다.

## 20
## 내가 상실한 것은 무엇일까?

우린 모두 여섯. 자기 자신의 과잉. 그러므로 주변을 경멸할 때의
어떤 사람은 주변과 친근한 관계를 맺고 있거나 주변 때문에 괴로워할 때의
그와 동일한 인물이 아니다. 우리 존재라는 넓은 식민지 안에는, 다른 방식으로
생각하고 느끼는 다양한 사람들이 있다.
- 페르난두 페소아 《불안의 책》,
파스칼 메르시어의 《리스본행 야간열차》에서 재인용

책장을 정리하던 중 화사한 꽃무늬 표지의 일기장이 툭 하고 떨어졌다. 어릴 적 일기장을 차마 열어보지도 못하고 무슨 보물처럼 이사 다닐 때마다 가지고 다녔다.

잔뜩 향수에 젖어 읽어본다. 띄엄띄엄 기록을 해서 한 권을 다 채우지 못했구나. 아, 온통 상실에 관해 쏟아내고 있다.

오랫동안 차마 읽어보지 못한 기록을 따라가면서 내 안의 깊은 우울을 들여다본다. 화사한 표지와는 달리 '죽음에 관한 기록'이라는 제목이 달린 일기장. 나는 일기를 꼬박꼬박 쓰는 사람이 아니어서 기록이 온전하지 않다. 온전하게 기록되지

못한 일기장을 보며 나와 닮았다고 생각한다.

**1989년 7월 어느 우울한 날**
평화의 시대는 끝이 났다. 나는 불안의 시대로 걸어 들어간다. 모든 것이 혼란스럽다. 나는 나를 잃었고, 혼돈만이 남겨져 있다. 내가 사유하는 모든 것은 죽음과 맞닿아 있다. 나를 더럽힐 수 있는 것은 나 자신뿐임을 나는 증명해야만 한다. 증명하지 못한다면 나는 이미 죽은 것이다. 몸은 살아 있지만 영혼이 죽어버린 그런 존재 말이다.

**1989년 9월 어느 비 오는 날**
기도. 나의 기도는 끝이 없다. 오늘이 나에게 주어진 마지막 날이길.
어제는 니체에 관한 책을 읽었다.
신은 죽었다.
신이 존재할 리가 없다. 신 따위가 존재한다면 나에게 이런 불행은 없어야 한다. 적어도 신이라면 자신의 피조물을 이따위로 버려두면 안 되는 것이니깐. 그래, 당신의 존재를 믿게 하려면 내 기도에 응답해줘. 그럼 당신을 믿지. 나에게 내일이 존재하지 않기를 간절히 기도할게.

1990년 봄

나를 찾아야 한다. 어떻게 하면 찾을 수 있을 것인가?

1990년 봄의 끝

나는 죽었다.

'나는 죽었다.'로 끝난 일기장.

내가 느낀 죽음은 무엇이었을까? 무엇을 상실했다고 여긴 것일까? 내가 그토록 찾고자 했던 나는 누구일까?

성폭력의 피해는 무언가를 상실했다고 여기게 만든다. 누군가는 자신감을, 누군가는 신뢰를, 누군가는 믿음을 상실했다고 이야기한다. 사람마다 다르겠지만 나는 나 자신을 상실했다고 여겼다. 내 본질을 잃어버렸다고 줄곧 그렇게 생각했다. 그러하기에 '지금의 내가 성폭력 피해로 인한 것인지 아니면 원래 나인 것인지' 혼란스러웠다. 특히 나 자신이 싫어질 때 '이건 내가 아니야. 다 피해 때문이야.'라고 생각하곤 했다.

내 삶은 그 상실을 찾아가는 여정이었다. 그것은 마치 목적지를 정하지 않고 가는 여행과 같았다. 어디서도 본 적이 없는 내 안의 상상력이 만들어낸 유토피아를 찾아가는 그런 여행.

'빛나는 별이 쏟아지고 인적이 드문, 바람 소리만 스치는 그

런 에메랄드 빛 바다를 보러 갈 거야.'

그런 바다를 꿈꾸고 막상 도착해봐도 그 어디서도 욕망이 채워지지 않는 것처럼, 내 여정은 어디에서도 답을 찾을 수가 없었다. 답을 찾을 수가 없었던 나는 파괴적으로 변해갔다. 나는 나의 본질이 아니므로 상처를 내도 혹은 극단적인 상황으로 몰아가도 상관이 없다고 여겼다. 일부러 힘든 상황을 만들며 '이래도 살 거야?'라며 스스로에게 가혹하게 굴었다. 내가 하고 싶은 일 따위는 중요하지 않았다. 나는 내가 아니라고 여겼으므로.

성폭력은 나 자신이 몸으로 치환되는 경험이었으므로 나는 처절하게 몸과 정신을 분리시켰다. 내 정신은 항상 고차원적인 것을 추구하였지만, 성폭력을 경험한 내 몸은 학대했다. 전시회에 다니고 책을 읽고, 철학과 경제를 논하는 것을 좋아했지만 성폭력 기억이 나를 엄습한다거나 나 자신이 마음에 들지 않으면 몸을 학대했다. 나는 내 몸을 굶기고 잠을 재우지 않고 날카로운 것으로 상처를 내면서 내 몸은 내가 아니라고 부정했다.

시간이 흐르고 일기장 속의 어린 아이가 나에게 말을 건다. 이것도 너라고. 그 말에 원망이 들어 있지는 않다. 그 당시에는 그게 최선이었으므로. 비록 나를 부정하고 학대하고 위험에 빠뜨렸지만 살아내기 위한 방어기제였음을 알게 되었기에.

  이제야 조금은 알 것 같다. 성폭력 피해로 내가 상실한 것은 나의 본질이 아니었다. 내 안에는 빛나는 여러 자아가 있고, 성폭력 피해는 그 자아 중 일부에 생채기를 낸 것뿐이다. 상처받은 자아에 가려 있던 빛나는 나의 자아들이 이제야 나에게 손을 내민다. 자신들은 항상 존재해 왔다고, 내가 알아봐 주기를 기다리고 있었다고.

  오랜 여행을 마친 지친 순례자의 모습으로 나 자신을 용서해야 함을 깨닫는다. 내가 나 자신을 돌봐주지 않고 방치했던 시간은 흘려보내야 한다.

# 21
## 외도 상대 따위는
## 되지 않을 거야

여성들은 그 남자를 한 번이라도 보았거나 그와 데이트한 적이 있거나
같이 잤거나 결혼했다면, 자신들이 야하게 옷을 입었거나
아마도 숫처녀가 아니라면, 자신들이 창녀라면, 자신들이 성교를
그냥 참았거나 그냥 이겨내려고 했다면, 혹은 수년간 강제로 성행위를
당해왔다면, 자신들이 '진짜로' 강간당한 것이 아니라고 결론지음으로써
강간과 성적 폭행의 경험들을 구분한다. - 캐서린 맥키넌


1999년 새로운 세기가 시작되기 전, 세기말의 암울하고 우울한 분위기가 세상을 지배했다. **IMF** 직후라서 그런지 온통 세기말에 대한 진단과 불안이 넘쳐났다.

나는 세기말과 상관없이 불안하고 우울했다. 대학을 마치기 위해 닥치는 대로 일을 한 탓에 내 몸은 고통을 호소하고 있었다. 40킬로그램밖에 안 되던 내 몸은 지칠 대로 지친 상태였다. 게다가 일을 하면서 경험한 지속적인 성추행에 진이 빠졌다. 나는 더 이상 이런 삶을 살고 싶지 않았다.

돈이 한 푼도 없으니 잠시라도 일을 쉴 수 없었다. 내가 가

장 잘하고 재미있었던 학원강사 일을 직업으로 삼으려고 마음 먹었다. 나는 대학 1학년 때부터 선배의 소개로 학원에서 수학 강사를 했다. 나는 아이들과 눈높이가 잘 맞았고, 아이들을 성적으로 평가하지 않았다. 그것만으로도 나는 인기 있는 선생님 축에 들었다.

수학 강사를 모집하는 학원에 원서를 넣고 면접을 보고 합격 통지를 받았다. 모든 것이 순조로웠다. 첫 출근을 앞두고 있는데, 원장이 회식이 있다면서 다른 선생님들과 인사도 할 겸 나오라고 했다. 오라는 곳으로 가보니 다른 강사들은 없고 원장 혼자만 나와 있었다.

원장은 시험이 곧 있어서 강사들이 보강을 하고 있다면서 보강이 끝나는 대로 올 것이라고 했다. 원장은 우선 한잔하자며 양주를 주문했다. 나는 어색한 시간이 빨리 지나가길 바라고 있었다. 나는 이 일이 필요했고, 원장은 고용주이므로 최대한 얌전하고 똑똑해 보이려고 노력했다. 원장은 집요하게 술을 권했다. 나는 어느 정도 주량이 있는지라 첫 잔을 기분 좋게 마셨다. 술잔이 몇 잔 더 오고 갔다.

정신을 차려 보니 호텔방이었다. 이상했다. 나는 그 정도 술에 취하지 않는 사람이었다. 더구나 아무것도 기억나지 않는다는 것이 이해가 되지 않았다. 머리가 아팠다. 무슨 일이 있었는지 기억하려고 애를 썼다. 백지처럼 아무것도 기억이 나지 않았다. 벗겨진 옷가지와 내가 있는 장소. 무슨 일이 있었는지 알 것 같았지만, 내가 왜 여기에 오게 되었는지 알 수 없었다.

얼마 뒤 원장이 보낸 문자가 들어왔다. '잘 들어갔느냐, 나는 학원에 나왔다. 학원을 하나 더 개업하는데 네가 그곳 원장을 하는 것이 어떻겠느냐'라는 내용이었다.

모든 것이 혼란스러웠다. 어떻게 해야 할지 갈피를 잡을 수 없었다. 술에 취한 것인지 약에 취한 것인지 알 수 없었다. 법률적 개념으로 보면 상대방이 의식이 없는 상태에서 성관계를 하는 것은 '준강간'이었다. 하지만 내가 술을 마셨으니 내 잘못이라고 치부하기로 했다. 이런 경우 이 사회는 여자를 탓한다는 것을 알고 있었다.

내게 중요한 것은 일자리였다. 일하지 않으면 고시원 방값도 낼 수 없었고, 당장에 먹고사는 문제도 해결하기 어려웠다. 나는 아무 일도 없었던 듯이 대처하기로 했다.

원장은 개업하는 학원에 가보자고 했다. 원장은 운전을 하면서 나를 사랑하게 되었으니 조용히 이야기를 하자고 말했다. 그러더니 모텔에 차를 세웠다. 나는 일을 하지 않겠다고 말하고 차 문을 열었다. 원장은 나를 붙잡고 잠시 이야기만 하자고 했다.

한참을 실랑이를 했다. 원장은 30분만 이야기할 시간을 달라며 애원했다. 모텔 앞에서 실랑이하는 것도 창피한 일이고, 나만 정신 차리면 최악의 상황은 피할 수 있을 거라 여기고 그러마고 했다. 이야기만 하겠다는 그 사람을 믿고 방으로 들어갔다.

조용히 이야기만 하자는 그 말을 믿다니, 그 시절의 나는 얼마나 어리석었던가. 어리석음의 대가는 너무나 컸다.

원장은 맥주를 주문해 혼자 술을 마시면서 나를 얼마나 사랑하는지 아느냐고 한참 동안 설명했다. 함께 이민이라도 가서 살자는 말도 했다. 기가 막힐 노릇이었다. 화가 났다.

더 이상 듣고 싶지 않다고 말하고 방을 나오려는 순간 원장이 갑자기 돌변했다. 나를 때리기 시작했다. 뺨에 주먹이 날아오고, 욕설이 쏟아졌다. 어지럼증이 몰려왔다. 주먹이 복부를 강타하는 순간 숨이 막혀 비명도 나오지 않았다. 나는 필사적으로 방을 빠져나가고자 했으나 나갈 수가 없었다. 나의 저항은 폭력 앞에서 또 무너졌다. 그 사람은 승리자가 되었다.

원장이 잠든 것을 확인하고 나는 방을 나왔다. 할 수만 있다면 죽이고 싶다는 생각이 들었다.

며칠이 지나고 '보고 싶다, 사랑한다'는 문자가 계속 날아왔다. 나는 더 이상 참지 않기로 결심했다.

고소를 하기로 마음먹고 경찰서에 갔다. 폭력이 있었고, 나는 저항했으므로 강간을 당한 것이 틀림없다고 여겼다. 강간을 당해서 고소하러 왔다고 하자 젊은 형사에게 안내해주었다.

강간을 당했다는 말을 어렵게 꺼낸 나에게 형사는 '어떤 관계냐? 어떻게 모텔에 가게 되었느냐?'라고 물었다. 어려운 질문이었다. 어디서부터 이야기해야 할까? 왜 죽기로 저항하지 못했는지, 나에게 저항은 애당초 불가능하다는 것을 어떻게 이해시킬 수가 있을까? 어릴 적에 당한 성폭력 때문이라고 하면 이해해줄까?

어지럼증이 찾아왔다. 토하고 싶었다. 나는 조금 더 생각해보고 다시 오겠다고 말하고 일어나서 나왔다.

학원으로 전화를 했다. 어떻게 해야 할지는 몰랐지만 그런 사람이 아이들을 가르치면 안 된다고 생각했다.

전화를 거니 어떤 여자가 받았다. 가정집이라는 말에 이상한 기분이 들었다. 원장 이름을 대면서 바꾸어달라고 했더니 그 여자는 자기가 부인이라고 했다. 내가 만나자고 하니 순순히 그러겠다고 했다. 약속 장소를 정하고 전화를 끊고 나니 생각이 꼬리를 물었다. 내가 잘하는 짓일까? 그 여자를 만나 뭐라고 하지? 당신의 남편이 나를 강간했다고 하면 그 여자는 믿어줄까? 모든 것이 두렵고 무서웠다.

약속 장소에 나가 보니 30대 중반으로 보이는 여자가 기다리고 있었다. 배에 시선이 갔다. 만삭이었다. 그녀는 모든 상황을 어느 정도 아는 듯 보였고, 너무 지쳐 보였다. 그냥 갈까? 이미 늦은 후회였다. 세상에서 이보다 더 쓸쓸한 모습이 있을까? 그녀도 나도 너무 불행한 표정을 짓고 있었다.

커피를 주문하고 미지근하게 커피가 식을 무렵, 나는 천천히 또박또박 말을 했다. "당신 남편이 나를 강간했어요. 고소하고 싶어요. 사랑한다면서 같이 살자고 해요. 하지만 저는 그럴 생각이 없어요. 저에게 연락이 오지 않도록 해주세요." 준비하고 연습한 대사를 떨리는 목소리로 겨우 쏟아냈다.

나도 그녀도 한없이 눈물을 흘렸다.

그녀의 이야기는 더 충격적이었다. 학원 원장을 하던 남편은 학원이 어려워지고 빚이 많아서 학원을 접었다고 했다. 자신은 만삭의 몸으로 간호사 일을 하고 있는데, 전에 일하던 학원 강사와도 비슷한 일이 있었다고 했다. 자기도 어떻게 해야 할지 모르겠다면서 울고 또 울었다. 임신을 하고 난 뒤부터 남편의 외도가 계속되었다고 했다. 그 여자도 나도 똑바로 서로를 마주볼 수가 없었다. 눈물을 멈출 수도 없었다.

그녀에게 나는 자신의 남편에게 강간당한 여자가 아니라 외도의 상대일 뿐이었다. 피해자인 줄 알았던 내가 가해자가 된 기분이었다. 나는 죄송하다고 여러 번 말했다. 무엇이 죄송한지 몰랐지만 그 여자의 눈물이 마음이 아팠다. 나 때문에 그 여자가 힘들게 지키던 가정이 깨지는 것 같았다. 모든 상황이 혼란스러웠다.

그러나 결단코 나는 외도 상대 따위는 되지 않을 것이라는 생각만큼은 분명했다. 평생을 아빠의 외도로 힘들어하던 엄마를 둔 내가 그런 짓을 할 리가 없으니까. 엄마를 평생 괴롭히던 여자들처럼 살아서는 안 되는 것이었다.

그녀는 나에게 경찰에 고소할 거냐고 물었다. 아이들을 생각해서 그런 일이 없었으면 좋겠다고 했다. 미워도 아이 아빠이고, 아빠가 감옥에 있다는 말은 할 수 없다며 나에게 고소만은 하지 말아 달라고 부탁했다.

그 뒤로 한동안 나는 그 여자 꿈을 꾸었다. 죄의식이 들었다. 만삭의 몸으로 그런 이야기를 듣고 충격을 받았을 그녀가 가여웠다. 그 여자의 가정을 내가 파괴했다는 생각이 들었다.

그 여자를 불행하게 만든 것도 그 가정이 깨진 것도 내가 아니라 그 남자 탓이라는 사실을 나중에 알았다. 그런 남자의 가정은 지켜져서는 안 된다는 사실을 지금에야 알게 되었다. 엄마를 괴롭힌 사람도 사실은 그녀들이 아니라 아빠라는 사람이었다.

    가끔씩 그녀가 궁금하다. 여전히 그런 놈과 살고 있지는 않겠지? 나는 그녀가 행복하기를 바란다. 그녀도 나도 그 남자의 희생자였을 뿐이다.

## 22
## 전생의 업?

 우울한 날이면 인사동에서 고시원이 있는 대학로까지 걸어다니곤 했다. 첫사랑과 손을 잡고 설레는 마음으로 수없이 오고간 그 길을 걸으며 잃어버린 날을 추억했는지도 모른다.
 학원장 부인을 만나고 집으로 돌아가는 길에 인사동에 들렀다. 햇빛 한 줌 들지 않는 어두운 고시원 방으로 들어가자니 견딜 수 없이 슬픈 감정이 몰려왔다. 나를 짓누르는 죄책감에서 조금은 가벼워지고 싶었다. 미술관이라도 들러서 전시회를 보아야겠다고 생각했다.
 인사동은 밤보다 낮이 더 화려하고 번잡하다. 생기 넘치는 인사동의 한낮이 나는 좋다. 내가 좋아하는 작가의 전시회가 있으면 좋겠다는 생각을 하며 전시회 포스터를 살피고 있었다.

"남자 때문에 많이 힘들게 살았겠다. 남자가 많아. 참 힘들었겠다. 힘든 삶을 바꾸어줄 수 있지. 전생에 기생이어서, 남자들을 많이 힘들게 해서 아가씨가 지금 힘든 거야. 아가씨에게 한을 품고 죽은 남자들이 너무 많아. 그 한을 풀어줘야 해. 주변에 남자 많지? 다 전생에 쌓은 업 때문이야."

누군가가 나에게 이렇게 말했다.

나는 목소리가 들리는 곳을 쳐다보았다. 나지막한 목소리에 어울리는, 풍채 좋고 인자해 보이는 미소를 가진 스님이 서 있었다. 그 사람의 옷을 보고 조금은 안심이 되었다. 또한 내 삶에서 일어난 사건의 원인을 찾은 듯했다. 전생, 그것 말고는 저주받은 내 삶을 설명할 수 있는 말이 없지 않은가.

"어떻게 하면 되나요?"

"아가씨가 그래도 착하게 살아서 나를 만나게 된 거야. 이게 모두 부처님의 은공이고 뜻이니, 내가 아가씨의 운명을 바꾸어줄게. 제사를 지내야 해."

"제사를 지내려면 돈이 필요하지 않나요?"

"내가 마침 제사를 지내려고 했어. 아가씨를 위해 한 번 더 지내면 되겠네. 제사 지내러 가지."

"신세 지고 싶지 않은데요."

"앞으로 좋은 일 많이 하고 살아."

손해 볼 것이 없다고 생각했다. 이 저주스러운 삶에서 벗어나게만 해준다면 나는 목숨도 바칠 수 있었다. 아니, 드디어 내 저주스런 삶을 벗어나게 해줄 은인을 만났다고 생각했다. 다시 이런 일을 겪지 않을 수만 있다면 나는 무엇이든지 하리라. 설령 나에게 죽으라고 한다면 그것도 기꺼이 감수할 수 있었다.

어릴 적부터 못생겼다는 말을 듣고 자란 나에게 성폭력 피해가 반복되는 것은 스님 말처럼 전생이 기생이었다는 말 외에는 설명할 길이 없었다. 내 경험을 설명할 수 있는 다른 사상이 나에게는 존재하지 않았다. 또한 그때는 성폭행이 나에게만 일어나는 일이라고 알고 있었으므로 그 말을 듣는 순간 내 인생이 설명되는 듯했다. 이러한 일을 더 이상 겪지 않을 수만 있다면 뭐든 할 수 있다고 생각했다.

스님은 인사동에 위치한 한 여관 앞으로 나를 안내했다. 내가 들어가기를 망설이자 스님은 조용히 제사를 지내야 해서 어쩔 수 없다고 했다. 그러더니 종업원에게 조용히 이야기를 하려고 하니 방으로 안내하라고 했다.

방으로 들어가자 스님은 나에게 한을 품은 원귀가 많다며 자신에게 몸 보시를 하면 팔자가 바뀐다고 말했다.

마음 한편으로는 '말도 안 돼' 하는 생각이 들었다. 그러나 '그래, 이렇게 해서 삶이 바뀐다면 못할 것도 없지' 하는 생각도 들었다. 어차피 또 한 번 강간을 당하는 것이라고 여기면 된다고 생각했다.

모든 것이 절망으로 돌아섰다. 아주 조그마한 기대. 솔직히 먼지 정도 크기의 기대밖에 없었지만 결국 이 스님이 원한 것도 내 몸뚱이였을 뿐이다.

스님이 방을 나가고 나서 나는 감고 있던 눈을 떴다. 눈물이 났다. 나 자신이 싫었다. 하지만 정말 스님 말을 믿고 싶었다. 그런 말을 믿고 매달릴 정도로 나는 취약해진 상태였다. 그런 나 자신이 싫어서 견딜 수가 없었다.

그런 남자가 스님일 리가 없다는 생각이 들자 모든 것이 포기가 되었다. 무엇 때문일까? 왜 이렇게 많은 남자들이 내 몸을 원하는 것일까? 나는 예쁘지도 않고 섹시하지도 않은데, 이해할 수가 없었다. 정말 내가 전생에 기생이어서, 창녀가 될 운명이라서 그런 걸까?

방을 나오려는데 그 남자가 놓고 간 돈이 눈에 들어왔다. 15만 원. 끔찍했다. 창녀가 된 것 같았다. 아니, 창녀가 되었다.

창녀가 되는 일은 내가 노력하지 않아도 되는 일이었다.

◇◇◇◇◇◇◇◇◇◇◇◇◇◇◇◇

나는 왜 어이없게도 승복 입은 남자를 따라갔을까? 사람이 심리적으로 취약한 상태에서는 더욱 위험에 노출될 가능성이 높은 것 같다. 만일 내가 그날 학원장의 부인을 만나고 오지 않았거나 성폭력 피해가 없었다면 '별 미친 놈 다 보겠네' 하고 지나쳤을 것이다.

이렇게 성폭력이라는 것은 개인의 역사, 개인이 놓인 위치, 혹은 그 사람의 삶의 맥락에 따라 다르게 위치지어진다. 그러하기에 성폭력을 이야기한다는 것은 그 사건만을 두고 이야기하는 것이 아니라 그 사람의 삶의 맥락과 그 사람이 살아온 삶의 방식과 함께 다루어져야 한다. 흔히 사람들이 말하는 것처럼 사건만 해결되면 된다거나 시간이 흐르면 자연스레 해결되는 감정이라고 치부할 수 없는 까닭이 여기에 있다.

내가 학원장을 신고하기 위해 경찰서에 갔을 때, 진술을 하지 못한 이유는 그 사건만을 가지고 본다면 어떠한 말도 할 수가 없었기 때문이다. 피해의 원인이 어디부터였는지 명확하게 구분하기 어려웠고, 내 삶의 맥락 없이 설명해내기도 어려웠다.

## 23
## 죽기로 결심하다

> 우리 사회는 몸과 마음을 구분해서 보는 이원론에 빠진 채,
> 트라우마의 피해자들에게 마음을 굳게 다잡아서 기운을 내야만 하고
> 과거를 잊고 삶을 계속해야 한다고 충고한다. 하지만 이것은
> 트라우마 피해자들에게는 불가능한 일이다.
> - 수잔 브라이슨 《이야기해 그리고 다시 살아나》

그동안 나는 고통이 밀려드는 순간에도 내 삶의 길이 있다는 사실을 잊지 않으려고 노력했다. 안식은 어디선가 나를 기다리고 있으리라. 힘들지만 그 안식을 찾기 위해 다른 사람보다 더 열심히 살아왔다고 생각했다. 그러나 나에게 결코 안식은 주어지지 않을 것이라는 절망감 그리고 앞으로도 크게 달라지지 않을 것이라는 사실을 확인한 것 같았다.

저주받은 삶.
몸이 전부인 삶.

영혼이나 감정을 죽여야 살 수 있는 삶.

이것이 나의 운명인가? 죽어야 끝날 것 같았다. 이 저주받은 삶을 이제는 끝내고 싶었다. 억울했지만 나는 이런 삶을 원하지 않았다. 나는 사람이 아닌 것이 틀림없다. 사람이라면 이런 삶을 살아서는 안 되는 것이다. 나는 창녀가 되고 싶지 않았다. 그리고 강간당하는 삶을 살고 싶지 않았다.

창녀가 되는 것도, 강간을 당하는 것도, 심지어 이 땅에 내던져진 것도, 내가 선택한 것이 아니었다. 자신이 선택하지 않은 삶에 던져진다는 것은 위태로운 외줄을 타고 있는 광대와 같다. 내 마음 상태와는 상관없이 미소를 짓고 있는 광대. 너무도 익숙한 광대의 모습에 진짜 내 감정조차 헷갈렸다. 나는 슬픈 감정을 감추고 항상 친절하고 상냥한 사람으로 살아가고 있었다. 이 모든 것을 끝내고 싶었다.

마음속에서 '살고 싶지 않다'고 외치고 있었다. 내 삶에서 내 선택은 없었으니 죽음만큼은 명확하게 내 선택이 되기를, 죽는 것만이 내가 할 수 최선의 길임을 나는 의심하지 않기로 했다.

소주 두 병을 사서 고시원으로 돌아갔다. 나 혼자 누우면 방이 꽉 차는 그곳에서 나는 햇빛을 갈망하며 살았다. 창문 하나 없는 그곳에서 햇빛을 갈망하는 것이 불가능한 꿈인 것처럼, 내 삶에서 안식을 꿈꾸는 것도 불가능한 일이었는지 모른다. 빈속에 술을 들이붓고 그동안 모아놓은 수면제를 삼켰다. 편안하게 자면서 죽을 수 있기를 바랐다. 술기운인지 약기운인지 정신이 흐릿해지는 느낌이 들었다.

엄마 얼굴이 멀리서 보인다. 엄마가 울고 있다. 애처로운 엄마 모습이 가엽고 안쓰럽다. 내가 이런 삶을 살았다는 것을 아무도 모르니 내가 죽었다고 하면 다들 어떤 표정을 지을까?
너무 괴롭다. 위가 요동을 치는 듯하다. 구토가 올라왔으나 이미 몸이 풀려서 내 뜻대로 움직여지지 않았다. 쓰디쓴 위액과 특유의 비릿한 냄새가 목구멍으로 올라온다. 너무 아프다. 손톱으로 위벽을 다 긁어 떼어내는 듯한 고통을 느끼며 쏟아지는 약기운과 술기운에 서서히 정신을 잃어갔다. 그 와중에도 몸은 죽음을 거부하듯 약을 토해내고 있었다. 시큼한 냄새와 밀려드는 어지럼증, 벽이 쏟아지는 듯한 흔들림을 느끼면서 정신을 완전히 잃었다.
눈을 떴을 때는 병원이었다. 우연히 나를 찾아온 선배가 나를 발견하고 병원으로 옮겼다고 했다. 제기랄, 난 살아 있다. 선배는 이해할 수 없다는 표정으로 나를 쳐다보고 있었다. 내가 살아 있다는 안도감보다 모멸감이 밀려왔다. 죽음마저 나를 거부한다는 생각에 눈물만 쏟아졌다. 나는 모든 것을 포기하기로 했다. 죽음이라는 선택마저 나에게는 허락되지 않는 것인가.

퇴원하는 날 나는 창녀가 되기로 결심했다. 이것이 운명이라면 받아들이기로 했다. 이 삶을 끝낼 수가 없다면 나에게 남은 선택은 오직 하나밖에 없다는 생각이 들었다.

내 운명을 바꾸어 놓은 그 15만 원으로 병원비를 치르고, 내가 창녀가 될 운명이라는 사실을 받아들이기로 결심했다. 얼마 남지 않은 대학 생활도 이것으로 마무리 짓고, 삶에 대한 희망도 갖지 않으리라 다짐했다.

## 24
## 단란주점에서 보낸 일주일

창녀가 되기로 결심했으나 어디로 가야 몸을 팔 수 있는지 알 수가 없었다. 당장 먹고살기 위해 일을 해야 했으므로 구인광고를 찾아보았다. 식당 야간 카운터 자리가 눈에 띄었다. 불면증이 심한 나로서는 밤에 일을 하는 것이 더 편하겠다는 생각을 했다. 전화를 하고 면접을 보기 위해 그곳을 찾아갔다.

식당이라는 광고와는 달리 그곳은 단란주점이었다. 카운터를 구한다는 광고를 보고 찾아왔다고 하니, 사장은 "카운터도 구하기는 하지만 아가씨로 일하는 것이 더 좋지 않겠냐"고 말했다. 술을 많이 마시지 않아도 되고 손님들이 매너가 좋다는 말을 덧붙였다.

　나는 잠시 망설였다. 그러자 사장은 "밤새 일해도 120만 원밖에 벌지 못하는데, 아가씨로 일하면 t/c(테이블당 받는 봉사료) 6만 원에 2차를 나가면 20만 원을 벌지. 놀면서 한 달에 600만 원 이상 벌 수 있어."라고 말했다. "젊었을 때 1, 2년 고생하면 누구보다 잘살 수 있다."는 말도 했다. 사장은 그 가게에서 성공한 아가씨들에 대해 한참을 이야기했다.

　하루만 일을 해보고 정 못하겠으면 그만두라는 친절한 말이 끝난 뒤, 잠시 고민할 시간도 주지 않고 나를 손님 테이블로 안내했다.

　첫 손님. 마담은 대학생인데 등록금을 마련해야 해서 왔다며 나를 손님에게 소개했다. 나는 첫 손님과 마주 앉았다. 그 손님은 매너가 좋았고 함부로 더듬지도 않았다. 그럼에도 불구하고 나는 맨 정신으로 그 자리에 있기가 어려웠다. 술에 취해야만 견딜 수 있을 듯했다. 1시간에 6만 원을 벌었다.

　다음 손님이 올 때까지 휴게실에서 대기하라고 했다. 마담은 내게 갈아입을 옷을 주었다. 휴게실은 이제 막 출근해서 화장하는 여성들로 붐볐다. 담배 연기가 자욱했다. 처음 온 나에게 경계의 눈빛과 호기심을 보이던 여성들은 내가 초짜라는 것을 알고 이내 친근하게 말을 걸었다. 한참 어려 보이는 사람부터 나와 비슷한 또래까지 다들 친절하게 한 마디씩 조언을 해주었다.

사장은 강남과 강북에 단란주점과 룸살롱을 운영하고 있고, 일하는 아가씨들이 20명이 넘는다고 했다. 아가씨들은 강남에서 강북으로 주기적으로 물갈이가 된다고 했다.

술을 많이 마시면 몸만 상한다, 마담에게 선택이 되어야 룸에 들어갈 수 있으니 마담에게 잘 보여야 한다, 등등 많은 정보를 열심히 설명해주었다. 방금 내가 받은 손님은 사장 친구고 초짜를 위해 불러주는 미끼손님이라는 것도 알게 되었다. 특정 직종 사람들은 진상이 많은데 그땐 마담이 함께 들어간다는 말도 들었다.

마담이 종업원들에게 나를 대학생이라고 소개하자 다들 부럽다고 했다. 대학에 다니는 여자가 왜 이런 일을 시작했는지 궁금해했다. 나는 그 여자들이 보기에 '다른 부류'의 여자였다. "내가 언니처럼 대학 다녔으면 이런 일 안 하겠다." 누군가 한 말이 마음에 걸렸다. 어쩔 수 없었다고 변명하기엔 나 자신이 너무 부끄러웠다.

출퇴근 시간도 자유로운 편이고 선불금이나 빚도 없지만, 마담과 손님에게 선택되기 위해 외모에 투자하는 돈이 많다고 했다. 가게에 있는 옷은 너무 촌스러워서 예쁜 옷도 사야 한다고 했다. 사장 말처럼 여기서 오래 일을 한다고 부자가 되거나 형편이 나아지는 것 같아 보이지는 않았다.

대학생이라는 신분은 그 안에서도 남성들에게 선택될 수 있는 조건으로 작용했다. 이런 곳에 와서 술을 마시면서 "대학생이 왜 이런 곳에 있느냐"고 훈계하는 남자들의 이중성이 역겹기만 했다. 손님이 없는 시간, 맨 정신으로 그곳에 있는 나를 견디기가 힘들었다.

함께 일하는 여자들이 자신의 이야기를 털어놓았다. 왜 여기에 왔는지 이야기하는데, 내 상처와 너무 닮아 있어서 감당하기 어려웠다. 대학생이 되는 것이 소원이라는 한 여성의 말에 부끄러워 얼굴이 화끈거렸다. 일주일 후 그 일을 그만두기로 했다.

단란주점에서 하는 일은 단순히 술을 따르고 술 상대를 해주는 것이 전부가 아니었다. 처음 본 사람에게 애인과 같은 감정노동을 해야 했다. 그리고 수치를 견뎌야 했다. 내가 감정과 이성이 있는 주체적인 사람이라는 것을 철저하게 잊어야만 할 수 있는 일이었다.

## 25
## 등록금을 준 손님, 그러나 고맙지 않았다

 술을 마시지 않고 몸을 파는 일을 하기로 했다. 이것이 내 운명이라면 성실하게 운명을 수행하리라 다짐했다. 술 마시는 일은 오랜 시간 남자들과 함께 있어야 하고 기분이 더러웠다. 손님들 비위를 맞추고 술을 따르고 훈계를 듣고 시답지 않은 농담을 듣는 것이 몸을 파는 것보다 더 싫었다. 또 오랜 시간 얼굴을 마주 보고 있어야 하다 보니 걱정이 되었다. 혹시 길에서 만나면 어쩌지? 나를 아는 사람이 온다면?

 생활정보지를 들여다보면서 아르바이트를 찾던 중 '이벤트' 광고가 눈에 띄었다. '이벤트 행사 도우미 구함', '용모 단정',

'출퇴근 자유' 등의 문구가 어색하게 자리 잡고 있었다. 무슨 일을 하는지 정확히는 모르겠지만 대충은 알 것도 같았다.

전화를 하고 약속 장소인 커피숍에 나가니 사장이라는 여자와 그 친구인 남자가 앉아 있었다. 남자는 여자의 외모를 판단하는 역할을 하는 듯했다. 남자가 나를 보며 "남자들이 좋아하는 스타일이야"라고 하자, 여자는 일에 대해 설명했다.

자신이 고객과 약속 장소를 정하고 연락을 주면, 나는 그 장소에 가서 고객을 만나면 된다고 했다. 고객에게 12~15만 원을 받으면 자신에게 2~3만 원을 떼어주면 된다고 했다. 남자들은 여자를 소개받는 대가로 50만 원을 회비로 납부하고 5명을 알선 받는다고 하였다.

자기네 고객들은 점잖고 괜찮은 사람들이니 염려하지 말라고 했다. 대부분 전문직에 종사하는 사람들이니 '대학생인데 등록금이 없어서 이 일을 한다'고 말하라고 내게 당부했다.

아무 말도 없이 이야기를 듣고 있는데 그새 전화가 한 통 걸려왔다. 나는 드디어 창녀가 되는구나. 불행하고 억울했지만 받아들이기로 했다.

고객이 강남의 어느 장소에 있다고 했다. 다음부터는 전화를 받고 혼자 가야 하지만, 첫날이니 사장이 태우고 다니겠다고 했다. 약속 시간에 약속 장소로 가니 외제 차가 서 있었다.

나는 그 차에 올라탔다. 차는 서서히 이동을 했다. 나는 운전하는 사람을 쳐다볼 수가 없었다.

차는 강남의 한 호텔에 멈추어 섰다. 차에서 내려 앞장서 가는 남자 뒤를 따라 걸었다. 남자는 익숙한 듯이 체크인을 했다. 엘리베이터 버튼을 누르고는 나를 먼저 타게 하고, 방문을 열어주었다. 신사처럼 행동했다.

호텔방에 들어가서야 남자의 얼굴을 처음으로 쳐다볼 수 있었다. 50대 후반은 되어 보이는 사람이었다. 나만한 딸이 있다면서, 왜 이런 일을 하느냐고 물었다.

또 그 지겨운 질문. 단란주점에서도 수없이 들었던 질문. 왜 당신들은 여자의 굴욕과 치욕을 사는가? 나는 한 번도 할 수 없었던 질문. 나는 고객의 감정을 상하게 하는 질문은 하면 안 되는 처지였다. 그래도 내 마음속에서는 돈으로 다른 사람의 감정과 몸을 사면서 당신들은 뭐가 그리 당당한지 묻고 싶었다.

나는 사장이 알려준 대로, 대학생인데 학비가 없어서 이 일을 하게 되었다고 말했다. 남자는 앞으로는 이런 일을 하지 않았으면 좋겠다면서 자신의 연락처를 나에게 줬다. 앞으로 자기를 만나면 도와주겠다고 했다. 택시비 20만 원에다 등록금을 하라며 250만 원을 주었다.

상상할 수 없을 만큼 큰 액수였다. 대학 등록금을 30분 만에 벌었다. 그는 지하철역까지 나를 데려다주었다. 끝까지 매너 있게 행동했다.

나는 하나도 고맙지가 않았다. 내가 살면서 만져본 가장 큰 돈이었다. 하지만 그 사람의 친절을 친절로만 받아들일 수가 없었다. 그 사람도 나도 선의를 가진 행동이나 배려가 아니었기 때문이다.

그 사람이 사람을 사는 대가로 치른 그 많은 돈이 그에게는 별로 큰돈이 아니었을 뿐이다. 누군가가 30분 만에 쓸 수 있는 돈을 갖지 못한, 창녀밖에 될 수 없는 내 계층을 그 돈은 명확하게 인식시켜 주었다.

## 26
## 왜 우리는 성폭력을 기억하고 있는가

최근 '보고 싶다'라는 드라마가 논란이 된다고 해서 보게 되었다. 드라마에서 성폭력 후유증, 트라우마에 시달리는 수연의 모습과 분노가 잘 묘사된 듯했다. 몇몇 장면에서는 깊이 공감하고 같이 아파하면서 드라마를 본다.

7회에서 수연이 "나의 성폭력을 기억하는 모든 사람이 죽어버렸으면 좋겠어"라는 말을 했다. 그 말이 돌덩이처럼 가슴을 누른다. 그래, 나도 그런 생각을 한 적이 있었지. 내 성폭력 경험을 알고 있는 상담선생님을 괴롭히고 싶은 순간도 있었다. 아니, 여전히 그런 생각을 한다. 내가 죽지 못하므로.

최근에 급격히 나빠진 몸 때문에 병원에 갔다. 자궁내막증식증 같다는 진단을 받고, 확실한 진단을 위해 재검사를 하러 가는 길이었다. 자궁내막증식증은 큰 병이 아니지만 원인을 찾아야 한다고 했다. 무엇보다 어지럼증 때문에 일상생활이 거의 불가능했다.

자궁내막증식증은 자궁내막의 이상으로 인해 월경과 출혈이 반복되는 증상으로, 확진이 되면 조직 검사와 호르몬 검사를 통해 원인을 찾아야 한다. 자주 반복되는 출혈로 인해 빈혈이 심해진 상태였다. 길을 걷다가 갑자기 눈앞이 하얘지는 일이 잦아졌다. 외출도, 책을 읽는 것도 힘에 겨울 만큼 어지럼증이 몰려왔다.

버스에서 내려 멍한 기분에 사로잡혀 걷고 있었다. 나는 내 몸이 아픈 것이 아니라 마음 탓에 몸이 힘들다고 여긴다. 최근에 글을 쓰는 동안 나를 성폭력의 고통 속에 가두어 놓고 있어서인지 수연의 대사가 떠나지 않았다. 성폭력을 이야기하는 것과 그 고통 속에서 사는 것은 다른 일이므로, 내 몸은 고통 그 자체에 머물러 있었다. 그럼 내가 죽어야 하는 것인가?

그때 성폭력 자조모임에서 만난 한 친구가 전화를 했다. 친구는 죽기 위해 목을 매는 연습을 해보았다고 말했다. 친구의 이야기를 들으니 더 정신을 차릴 수가 없었다. 친구는 성폭력의 기억에서 벗어날 수 없어 자살을 생각하고 있다.

왜 우리는 성폭력의 기억을 지울 수가 없는가? 성폭력을 기억하는 모든 사람이 사라졌으면 좋겠다는 희망은 이루어질 수 없으니 결국 우리가 사라지는 수밖에 없는 것인가. 정말 우리가 사라져야 하는 것일까?

친구와 주말을 같이 보내기로 약속하고 전화를 끊었다. 그런데 질문이 사라지지 않고 계속 머릿속을 맴돈다. 왜 우리는 성폭력을 기억하는 것일까? 정작 사라져야 하는 것은 무엇일까? 고민에 빠져 걸어가고 있는데 한 여자가 길을 막아섰다.

내 마음을 들켜버리기라도 한 것처럼 당혹스러웠다. 여자는 "2천 원만 줘!"라고 말했다. 행색이 홈리스인 듯했다. 다른 때 같으면 당연히 주머니를 털어서 밥값 정도는 주었을 것이다. 그런데 그날은 아무 생각도 나지 않아 황망히 발걸음을 옮겼다.

병원에서 의사에게 최종 검사에 이상이 없다는 말을 들었다. 나는 여전히 마음에 갇혀 있는 모양이다. 마음 때문에 몸에 자꾸 이상이 생기니 내 마음을 추슬러야 한다. 성폭력을 기억하는 나를 죽일 수 없으므로….

병원을 나서니 조금 전에 만난 그 여자가 생각났다. 정신없이 그 여자를 찾아서 거리를 헤맸다. 아까 주지 못한 밥값을 주어야 하는데……. 내 생각에 빠져 여자에게 도움을 주지 못하고 지나쳤지만, 난 그런 사람이 아니라는 것을 확인해야 했다. 나는 다른 사람의 필요를 외면하는 사람이 아니라는 것을 인정받아야 했다.

아무리 거리를 찾아보아도 그 여자는 없었다. 그 여자를 찾지 못하면 안 되는 사람처럼 정신없이 거리를 헤매고 다녔다. 그러다 포기가 될 무렵 눈물이 흘러내렸다.

나에겐 중요했다. 나는 누군가의 필요를 외면하는 사람이 아니라고, 다른 사람의 고통을 느끼지는 못하지만 사유할 수는 있다고, 그러기에 나는 살아 있어야 한다고 느껴야 했다.

가끔씩 나의 성폭력 경험을 아무도 모르는 곳에서 살고 싶다는 생각을 한다. 그곳에 가면 자유로워질 수 있을까? 그러나 내 기억은 어쩔 것인가?

기억이 너무나 강렬해질 때, 그 기억을 지워버리지 않으면 견딜 수 없다고 느낄 때, 기억을 지우는 가장 확실한 방법은 죽음에 대해 생각하는 것이다.

죽음을 꿈꿀 때마다 나는 이 기억에서 벗어나고 싶다는 생각을 했다. 성폭력에 대한 기억을 지워버릴 수 없는 나는 멀쩡한 표정으로 살아가는 것이 힘에 겨웠다.

"그 아이가 미아리로 갔대."

중학교 시절 학교에는 이상한 소문이 돌았다. 한 아이가 고등학생 오빠들에게 '그 짓을 당했다', '누가 그것을 직접 봤다'는 소문이었다. 그 소문은 '그 아이가 원래 걸레였대'라는 소문으로 번졌다. 선생님들의 어설픈 통제에도 불구하고 소문은 가라앉지 않았다.

얼마 후 그 아이의 모습을 학교에서 더는 볼 수 없게 되었다. 사실인지 아닌지는 알 수 없지만 "그 아이가 미아리로 갔대", "몸이 더러워졌는데 달리 할 게 있겠어?"라는 말이 들려왔다.

내가 학교에 다니던 시절에는 그런 문화가 존재했다. 성폭력 피해 여성을 바라보는 시선이 폭력적이었다. 중학생이라서 뭘 잘 몰라서 하는 생각이 아니었다. 우리의 사고는 우리가 사는 문화의 영역을 벗어나지 못했다. 그러니 그 친구를 연민이나 위로가 아니라 폭력적인 시선으로 바라볼 수밖에 없었다.

성폭력 피해를 들키기라도 하면 나도 학교를 못 다니고 창녀로 내몰릴 것 같았다. 살아남으려면 나는 항상 착한 아이여야 한다고 생각했다. 그래야만 용서받을 수 있을 것 같았다. 때문에 학교 다닐 때 통지표에는 항상 봉사정신과 희생정신이 투철하다는 말이 적혀 있었다.

성폭력을 기억하는 나는 '창녀가 되어야 한다'는 말을 거부하고 싶으면서도 나도 모르게 받아들이고 있었던 모양이다. 기억하는 사람이 사라졌으면 하는 바람으로 몇 번 자살 시도를 하고, 시도가 전부 무산되었을 때 나는 창녀밖에는 할 수 있는 게 없다고 생각했다. 스님 말처럼 창녀가 될 운명을 따르지 않으면 계속 강간을 당하는 삶을 살아야 하므로.

나는 왜 '창녀가 되어야 한다'는 말을 거부하지 못했을까? 그리고 성인이 되어서도 성폭력적인 상황에서 저항하지 못했을까?

얼마 전 지인에게 물어본 적이 있다. 당신도 나처럼 성적인 제안을 받은 적이 있느냐고. 혹은 모든 여성이 이런 성적인 제안을 받으며 살아가느냐고. 그 사람은 "나도 주위 남자들한테 그런 요구를 받은 적이 있지. 그럴 때면 나를 뭘로 보고 이러는 거야? 그런 생각이 들었어."

'나를 뭘로 보고?' 그 말이 오랫동안 머리에서 떠나지 않았다. 나와는 다른 세계에 사는 사람 같았다. 자신을 지킬 수 있는 힘을 가진 그 사람이 미치도록 부러웠다. 나는 왜 그런 생각을 해보지 못했을까?

아동 성폭력 사건은 오래 전에 일어난 일이지만, 일생을 두고 나에게 영향을 미쳤다. 사람이 어떤 판단을 하게 되는 것은, 그 사람의 학습된 기억과 그 사람이 살면서 경험한 환경, 그리고 그 사람을 둘러싼 문화와 관련이 있다. 어떤 문화와 환경에서 성장하고 자신의 경험을 어떻게 해석하는지에 따라 성숙 정도가 달라질 수 있을 것이다.

지금 또다시 비슷한 상황이 벌어진다면 나는 그때와는 다른 선택을 할 것 같다. 내 경험을 해석하는 방식이 달라졌으므로.

내가 성매매를 한 것은 일시적인 판단이 아니라 내 삶의 전체적인 맥락에서 구성된 선택과 판단이었다. 그래서 그것이 한때의 타락이나 잘못된 결정이었다고 이야기하고 싶지 않다. 성폭력에 대해 폭력적인 문화에서 산 나로서는 비록 위험한 선택이기는 했지만 살아내기 위한 최선의 방법이었을 것이다.

그때는 그럴 수밖에 없었다고, 나 스스로에게 위로를 보낸다.

## 27
## 성판매,
## 내가 사람이 아님을 확인하는 길

    2008년에 영화 '추격자'가 개봉되었다. 희대의 살인마와 그를 추격하는 포주(성매매 알선업자)에 관한 이야기이다. 전직 형사였던 포주가 자신이 데리고 있는 성판매 여성이 사라지자 그 여성을 부른 살인마를 쫓는 과정을 다루고 있다. 영화 속 살인 장면과 내용이 충격적이기도 했지만 그 당시에 일어난 연쇄살인사건 때문에 흥행에 성공했다. 지금도 많은 사람들이 기억하고 있는 영화이기도 하다.

    주인공 미진은 아이를 하나 키우고 있는 가난한 여자다. 이 여자의 직업은 마사지걸. 또는 성판매 여성 혹은 성노동자. 그녀는 어린 아이를 키우기 위해 '출장 마사지' 일을 한다. 포주가 전화를 하면 약속 장소에 가서 성판매를 하고 대가를 받는 일이다. 알선업자는 성 구매자와 판매자를 전화로 중개하는 역할을 하고 수수료를 받는다.

미진은 그날 몸이 많이 아팠다. 그러나 '아가씨'가 부족한 상황이라 포주의 강요로 일을 나가게 된다.

포주 엄중호는 전직 형사다. 전직 형사가 왜 포주가 되었는지는 알 수 없다. 어쨌든 그는 성매매 알선업자다. 그런데 그가 데리고 있는 아가씨가 계속 사라진다. 미진이 사라진 날 그는 범인을 추격하게 된다.

성산업 공간은 가장 은폐되고 은밀한 공간일 수밖에 없다. 그리고 성판매 여성들은 대체로 심리적으로 위축된 상태이고 사회적 자원이 미약하다. 특히 개인적으로 이루어지는 성거래나 이 영화에서처럼 보도방을 통해 이루어지는 성판매의 경우, 여성들은 보호 받기 힘들다.

성판매 여성이 사라졌다. 그녀를 누군가 찾아 나서거나 혹은 보호할 수 있을까?

이 영화를 보면서 내가 안전할 수 있었던 것은 큰 행운이 따랐기 때문이라는 생각이 들었다. 성판매 여성들이 본명을 쓰는 경우는 없다. 보도방은 전화를 통해서만 거래가 이루어지므로 전화를 받지 않거나 연락 없이 일을 그만두는 경우가 흔하다. 영화 속 미진이나 나처럼 연락할 가족이 없는 경우에는, 사라졌다는 사실조차 알려지지 않을 수 있다.

그런 의미에서 미진에게 일어난 일은 현실에서도 일어날 가능이 있다. 자원이 빈약하고 소외된 여성들이 성산업에 유입되기 쉬운 상황에서, 그리고 그 여성들의 안전에 관심 갖는 사람이 아무도 없는 사회에서, 언제든 위험에 처할 수 있는 것이다.

내가 성판매를 그만둔 데는 딱히 특별한 계기가 없었다. 나는 성판매를 하지 않아도 다른 직업을 구할 수 있을 만큼의 학력과 기회가 있었다. 가난했지만 큰돈이 필요하지도 않았다. 빚이 있지도 않았고, 그 일을 지속해야 할 다른 이유가 없었다.

그럼에도 불구하고 그 후로 몇 년간 미칠 것 같은 공포와 우울감에 사로잡히는 4월이 되면 성판매를 하러 나서기도 했다. 직장생활을 하던 중에도, 돈이 필요하지 않아도 성판매를 하러 나섰다. 가만히 있으면 미쳐버릴 것 같은 기분을 진정시킬 수 없었다. 이유가 무엇인지 정확히 알 수는 없지만, 아마도 나 스스로가 나를 죽이는 방식이었다고 생각한다.

4월이 되면, 내가 사람이 아님을 확인해야만 했다. 내가 사람이 아님을 확인하는 방법은 스스로를 죽이는 것이었다. 몇 번이나 자살 기도를 했으나 내 마음대로 죽어지지도 않았다. 결국 나는 성판매를 통해서 나를 죽이는 방법을 택했다.

내가 사람임을 부정하고 싶은 순간이면 내 몸을 괴롭혀서 내가 이성과 감성이 있는 사람이 아님을 확인해야만 했다. 나에게 성판매는 내 감정과 이성적 사고를 부정하는 일이었다.

성판매를 했다는 사실을 나 스스로가 견디기 어려웠다. 그러나 내가 성판매를 했다는 사실을 이제는 인정하고 용서하기로 했다. 그것은 살아내기 위한 몸부림이었음을, 방어기제였음을 알 것 같다. 비록 그 방어기제가 바람직하지 못했다 하더라도, 심리적으로 취약했던 시기에 내가 살기 위해 선택한 최선이었음을 알기 때문이다.

그렇게라도 하지 않았으면 나는 지금 존재하지 않았으리라는 것을, 이제는 알 것 같다.

◇◇◇◇◇◇◇◇◇◇◇◇◇◇◇◇◇◇

성판매를 선택하는 데는 여러 가지 이유가 있을 수 있다. 자발적으로 할 수도 있고, 돈이 필요해서 시작할 수도 있다. 누군가의 권유

나 강요로, 혹은 한때의 잘못된 선택일 수도 있다.

일을 하면서 때때로 구매자나 업주의 폭력에 시달릴 수도 있다. 성판매를 그만두고 싶을 때 혹은 부당한 일을 경험했을 때 사회적 낙인 때문에 혼자 힘들어하는 경우도 있다. 혼자 감당하기 어려운 경우에 도움을 받을 수 있는 곳이 있다.

반성매매인권행동 이룸 02-953-6279

## 28
## '치유'는 천사의 모습을
## 하고 오지 않는다

우울증의 어두운 숲에 거주하면서 설명할 수 없는 고뇌에
시달리는 사람들에게, 심연으로부터의 귀환은 시인의 비상과 다르지 않다.
깊이를 모를 지옥의 심연에서 위로 위로 힘겹게 걸어 올라와 마침내
'눈부신 세상' 속으로 나오게 된다. 건강이 회복된다면 평정과 기쁨을
즐길 수 있는 능력 또한 회복된다. 이것이야말로 절망을 넘어선 절망을
견딘 자들에게 돌아가는 충분한 보상이리라.
– 윌리엄 스타이런《보이는 어둠》

괜찮아졌다고 여기는 순간, 혹은 이제는 고통을 통제할 수 있다고 믿는 순간, 우울은 예고도 없이 나를 점령한다. 나는 또 흔들리고 있다. 한 달간 지속된 불면으로 몸도 마음도 너덜너덜해진 상태에서, 나는 다시 성폭력 생존자임을 깨닫는다.

생존자로 살아간다는 것은, 조금 여유를 가지면 어느 순간 내 몸과 마음이 점령당하는 식민지와 같다. 끊임없이 나를 지배하려는 고통에 대해서 각성해야 한다. 그 반복되는 고통을 경험하는 것이 내가 살아 있다는 것을 알리는 신호와 같다.

처음 상담을 받으면서 괜찮아졌다고 믿는 순간, 다시 찾아

온 우울감에 나는 적응하지 못했다. 왜 좋아지지 않을까? 할 만큼 했는데, 억울하다는 생각이 들었다. 상담을 받고, 약을 먹고, 생존자 자조모임도 나가고, 성폭력에 관한 책도 읽고…. 그렇게 하면 회복될 수 있을 것이라고 믿은 적이 있다. 상태가 다시 나빠질 때 느끼는 무력감은, 애써 가꿔놓은 꽃밭을 누군가 망쳐놓은 것처럼 분하고 화가 나는 일이었다.

반복해서 찾아오는 우울감과 고통, 그리고 흔들리는 나. 회복이 가능하기나 한 걸까?

내 땅의 주인이 내가 아닌 타인이라는 사실, 우울감에 빠진다는 것은 내 몸과 영혼이 식민지처럼 느껴지는 것이다. 내 뜻대로 몸과 마음을 움직이지 못하고 마치 '보이는 어둠'에 지배당하는 듯한 기분. 윌리엄 스타이런이 우울을 '보이는 어둠'이라고 표현한 것을 보며, 나를 점령하고 있는 이 어둠이 우울이라는 것과, 어둠이 걷힐 시간이 필요하다는 생각을 한다.

우울감은 감당하기 어려운 감정이다. 우울감은 항상 슬픔과 무기력함, 좌절과 함께 등장해서는 삶의 모든 희망과 기쁨을 감추어 버린다. 나는 점령당한 식민지인의 무기력한 모습으로 패배감에 눈물을 흘린다.

평범하고 소소한 일상의 행복감에 취하는 순간, 내가 성폭력 생존자임을 그리고 그 피해가 내 삶을 관통하고 있다는 것을 알리는 듯 우울감이 찾아온다. 트라우마를 증언하는 사람들의 말처럼 어떤 단어, 어떠한 냄새, 혹은 어떠한 장소가 사건의 기억으로 나를 끌고간다. 기억의 끝은 항상 우울과 대면하는 일이다.

처음 꿈을 꾸고, 감당하기 어려운 우울감에 정신과를 찾았다. 그땐 우울감보다는 우울감이 데리고 온 불면이 더 큰 문제였다. 불면으로 인해 신경이 날카로워지고 일상생활이 불가능해서 잠을 자야겠다는 생각에 정신과를 처음 찾게 되었다.

마음이 아픈 사람이 저리 많을까? 정신과 병원에서 대기하면서 여러 감정이 몰아쳤다. 병원을 방문한 사람들은 하나같이 무표정한 얼굴에 멍하고 흐릿한 눈빛을 하고 있었다. 나만 어울리지 않게 생기가 있어 보였다. 그곳을 벗어나고 싶은 간절한 마음을 누르고, 한참 시간이 흐른 뒤 의사와 마주 앉았다.

젊은 남자 의사는 친절하고 다정한 말투로 물었다.

"무엇이 불편해서 오셨나요?"

하얀 진찰실과 잘 어울리는 단정한 이미지의 의사라서 다행이라고 여겼다.

"잠을 못 자서 왔어요."

이렇게 말하며 나는 심리검사 결과지를 내밀었다. 그러나 심리검사 결과지로는 내 상태를 설명할 수 없었다. 내가 받은 다면적 인성검사나 지능검사 등 심리검사에서는 우울이나 반사회성 같은 문제적 상황이 나타나지 않았다. 다만 분노 수치가 너무 낮고, 위급한 상황에서 판단 능력이 떨어진다는 진단뿐이었다.

의사는 심리검사 결과지에 나와 있는 그래프를 들여다보며 되물었다.

"왜 잠이 안 올까요? 본인은 왜 그렇다고 생각하세요?"

"말하고 싶지 않아요. 그냥 우울하고 잠이 안 오니 약을 처방해 주셨으면 좋겠어요."

아무것도 말하고 싶지 않다는 말에, 의사는 더 이상 묻지 않았다. 항우울제와 수면제 일주일 치를 처방 받았다. 의료보험이 적용되지 않는 약이라 2만 원이 넘는 약제비와 2만 원이 넘는 진찰비를 지불했다. 그리고 6개월간 아무 말도 하지 않고 병원에 다녔다.

6개월 뒤, 더 이상 병원에 가지 않겠다고, 약을 복용하지 않겠다고 결심했다. 우울감이나 불면이 좋아져서가 아니었다. 약을 먹으면서 항상 멍한 상태로 잠에 취해 있는 나를 견디기 힘들었다.

그리고 우울감도 내 감정 중 하나로 받아들이기로 했다. 우울감을 부정적으로 바라보기보다는 내 감정의 일부이고, 나를 돌보라는 신호로 받아들이기로 한 것이다. '우울한 나'도 나임을 인정하기로 하면서, '우울한 나'와 함께 살아갈 용기가 생겼다.

우울한 나를 받아들이는 일이 쉽지만은 않았다. 지금도 여전히 어려운 일이기도 하다. 일상이 흔들리는 감정이니까. 그렇지만 힘들더라도 우울감에 사로잡혀 나를 해치지 않을 거라는 확신이 생겼으므로, 우울한 감정과 함께 살아가기로 결심할 수 있었다.

'치유' 과정은 나선형과 같다. 한걸음 앞으로 나아간 것 같은 순간 뒤로 반걸음 다시 물러나게 된다. 반복되는 그 과정에서 마치 고문당하는 듯한 무력감을 느낀다. 불행하게도 치유는 친절한 천사의 모습으로 내게 손을 내미는 것이 아니다.

이 힘든 과정을 포기하면 안 될까? 포기하는 것이 더 평온하지 않을까? 스스로에게 얼마나 많이 물었던가. 포기하면 그 순간 흔들리지는 않겠지만, 식민지의 백성처럼 정체성도 가치관도 잃어버린 채 살아가야 할 것이다. 그러기에 단 한순간도 자유로울 수 없는 고통이라는 '태풍의 눈' 속에 스스로 들어가 있는 것이다.

불면으로 인해 지칠 대로 지친 순간에도, 더 이상 버틸 수 없다고 믿는 순간에도, 내 불안정함이 내가 서 있는 기반을 흔들고 관계를 파괴하는 순간에도, 나는 그 난폭하고 잔인한 상대를 이겨냈다는 것만으로도 빛나는 선물을 받을 자격이 있음을 알고 있다.

나는 꽃을 좋아한다. 나는 재즈를 들으면서 마시는 에스프레소의 진향 향과 책 속에 살아 있는 글을 좋아하고, 사람들에게 맛있는 음식을 해주는 것을 좋아한다. 만추를 느끼면서 낙엽이 쌓인 가로수길을 걷기를 좋아하고, 어디선가 흘러나오는 노라 존스의 목소리를 듣고 찾아 들어간 카페에서 즐기는 여유를 좋아한다. 나는 고흐의 그림을 좋아하고, 미술 전시회에 가서 작품을 보면서 살아 있음에 감사함을 느낀다.

우연히 길을 걷다 마주치는 아이들의 웃음소리를 좋아하고, "갑자기 네가 생각 났어"라며 전화를 하는 친구의 목소리에 행복감을 느낀다. 시집을 들고 여행길에 오르는 것을 좋아하고, 길을 걷다 발아래 핀 야생화를 발견할 때 행복하다고 느낀다.

우울감은 이런 일상의 소소한 즐거움과 삶의 의미를 덮어버리는 위력을 가지고 있다. 하지만 이 또한 지나가리라고 믿는다.

나는 이제 안다. 우울한 감정은 극복해야 하는 나쁜 상대가 아니라 적응해 가는 대상이라는 것을. 나에게 '회복'이란 명랑하고 긍정적인 사람으로 거듭나는 것이 아님을.

나에게 회복이란, 우울감도 내 감정 중 하나로 받아들이는 것이다. 우울감이 비록 삶의 기쁨을 감추는 위력을 지니고 있다 하더라도 그 또한 나의 일부로 받아들이는 것이다.

그러므로 필요하다면 안전하다고 느끼는 사람에게 내 경험을 드러낼 것이다. 그 과정에서 누군가가 떠난다고 할지라도 어쩔 수 없는 일이다. 나의 흔들리는 감정, 때때로 무너지는 그 상태를 인정하며 살아갈 것이다.

## 29
## 트라우마를
## 이야기한다는 것

자신이 겪은 트라우마를 이야기하는 것은 [...]
생존자로 하여금 자신의 과거의 일관성을 유지하고 현재를 적절히
통제하며 미래를 예측할 수 있다는 환상을 다시 갖게 하는 것이 아니라,
이런 환상을 갖지 않고도 삶을 꾸려나갈 수 있게 하는 작업이다.
- 수산 브라이슨 《이야기해 그리고 다시 살아나》

누군가의 어둠을 바라보는 것은 어려운 일이다. 마치 깊은 어둠이 자신마저 끌고 들어갈 것 같은 두려움을 안겨주기 때문이다. 소중한 사람의 어둠을 지켜보는 것은 더 더욱 괴로운 일이다. 어둠을 함께 나눌 수도 대신 짊어질 수도 없기에, 옆에서 고통을 지켜보는 것밖에 할 수 없다는 무력감을 안겨준다.

처음 꿈을 꾸고 상담을 받기 시작하면서 나는 갑자기 다른 사람이라도 된 듯이 불안정하고 까칠해졌다. 주변 사람들과 관계를 이어가는 데도 어려움을 느꼈다. 더 이상 상냥하게 사

람들에게 미소를 지을 수가 없었다. 길을 걷거나 책을 읽다가 때때로 올라오는 기억 때문에 갑자기 눈물이 터져 나왔다.

나는 현재가 아니라 과거에 잡혀 사는 사람 같았다. 내 시간은 9살 혹은 12살의 시점에서 1초도 흐르지 않고 정지한 것 같았다. 그때의 공포, 그 순간의 두려움, 그 공간의 소리와 냄새가 나를 둘러싸고 있는 듯했다. 나는 온 사방이 다 막혀 있는 장소에 갇혀 있는 듯했다. 성폭력 생존자임을 직면하는 순간부터 내 시간은 멈추어버렸다.

과거에 갇혀 산다는 것은 현재를 살아내는 법을 잊어버리는 것이다. 현실 감각은 물론이고 미래를 계획하고 나아가는 법, 일상을 살아가는 능력과 현재를 상실하는 것이다. 과거의 시간에 사로잡혀 현재의 시간을 잃어버린 채 살아가는 것이다.

나는 친근한 사람들에게 이해받고 싶었다. 당시에 친하게 지내던 후배가 있었다. 그 후배는 나에게 "언니는 꼭 우리 엄마 같아."라고 말했다. 그 정도로 후배는 고민이며 소소한 일상사를 나와 함께했다. 혼자 사는 그 친구는 우리 집에 자주 와서 밥을 먹었다. 나는 엄마처럼 반찬을 넉넉히 만들어서 들려 보내곤 했다. 주말이면 같이 등산을 가고 절에 찾아다녔다.

상담을 받기 시작하면서 전처럼 그 후배와 많은 것을 함께

하지 못했다. 나는 마음의 여유를 잃어가고 있었다. 후배에게 털어놓고 이해받기로 결심했다. 하루는 작정을 하고 후배에게 내 상태를 이야기했다. 후배를 만나 함께 식사를 하고 나서 내가 어렵게 입을 열었다.

"나 사실은 어릴 적에 성폭행 당한 경험이 있어. 요즘 그 사실을 견디기가 너무 힘들어서 상담을 받고 있는데 쉽지가 않네."

내 이야기를 듣고 나서 후배는 나처럼 밝고 긍정적인 사람에게 그런 아픔이 있었다니, 상상도 하지 못했다고 말했다. 우리는 평소처럼 서로를 염려하면서 시간을 함께 보냈다.

그리고 며칠 후 후배에게 전화가 걸려 왔다.

"언니, 사실은 나도 성폭행 당한 경험이 있어. 그동안 내 고민 들어주고 격려해줘서 고마워. 근데 이제 더 이상은 힘든 언니에게 내 고민을 들어달라고 하지 못하겠어. 언니도 힘든데 나까지 보탤 수는 없잖아. 언니에게 힘이 되고 싶은데 나는 할 수가 없을 것 같아."

그날을 마지막으로 후배는 연락이 없었다. 아마도 나를 보면서 자신의 상처가 더 기억나 힘들었을 것이라고 어렵지 않게 짐작할 수 있었다. 나에게 짐이 되고 싶지 않은 그 마음도 사실이었을 거라고 생각한다. 함께 나이 먹으면서 평생을 자매처럼 지내자던 약속은 서로의 상처 앞에 물거품이 되었다. 나의 밝고 영민한 모습만 본 후배가 나의 어둠과 우울을 지켜볼 자신이 없었을 것이다.

후배는 성폭력 피해를 기억하면서 살아간다는 것이 얼마나 힘든지 잘 알고 있기에 내가 힘들어하는 모습을 옆에서 지켜볼 용기가 없었는지도 모르겠다. 처음으로 내 상처를 드러낸 사람과 그렇게 멀어지고 나서 나는 상처를 감추는 법을 배워야 했다.

그러나 상처는 애써 감추려 해도 감출 수 없다는 것을 깨달았다. 그 후 내 상처를 주변에 드러내는 경우가 많아졌다. 특히 글을 쓰면서 내가 성폭력 생존자임을 드러내는 경우가 많아졌다.

상처를 회복하기 위해서는 내 감정의 변화를 이해받고 지지받는 것이 중요하다. 그동안 이야기하지 못한 상처를 스스로 드러내는 것이 치유의 중요한 과정이므로 나는 안전한 사람들에게 내 경험을 드러내고 있다. 이 과정에서 누군가는 그 후배처럼 내 어둠을 들여다보기가 두려워서 떠나기도 한다. 하지만 나는 그들을 원망하지 않는다. 상처를 나눈다는 것은 분명 힘든 일이다.

그 후 그 후배는 결혼을 했고, 시집살이에 힘들어하고 있다는 소식을 종종 문자로 전해주었다. 시간이 조금 더 흘러 후배가 전화를 해서는 임신 소식을 전해주었다.

"언니, 나 딸을 가졌대. 딸아이라는 것을 안 순간 기억이 너무 생생해졌어. 언니, 나 너무 힘들어. 내 아이가 나처럼 그런 피해를 경험하면 어떻게 하지? 나 딸아이 낳고 싶지 않아."

울먹이는 후배에게 나는 진심으로 위로의 말을 해주었다.

"그 아이에게 그런 일이 일어나지 않는 세상이 되면 좋겠다. 설령 아이가 피해를 경험하더라도 너는 아이가 하는 말을 들어줄 수 있는 엄마잖아. 너희 엄마처럼 피해를 이야기하는 아이에게 창피하다며 뺨을 때리는 엄마는 되지 않을 수 있잖아. 우리는 그럴 수 있잖아. 우리 그런 엄마, 그런 이모가 되어 주자."

후배는 힘든 순간에도 아이를 포기하지 않고 잘 견뎌냈다. 그리고 예쁜 딸을 낳아 잘 기르고 있다.

우리는 여전히 전화 통화도 잘 하지 않고 만나서 함께 시간을 보내지도 않는다. 하지만 서로에 대한 마음만은 열어 놓고 있다. 서로가 좀더 단단해져서 서로의 손을 잡아줄 수 있을 때까지 시간이 필요할 것이라 생각한다.

과도한 피로감을 느끼면서도 옆에 있어 주는 것도 좋지만 안전한 거리에서 서로의 안녕과 평온을 빌어주는 것도 자신의 안전을 지키는 방법이라고 믿는다.

트라우마를 드러내는 것은 트라우마를 잊으려는 노력이 아니라 과거의 기억을 가지고도 현재를 살아가는 법을 터득하기 위한 것이다. 생존자가 자신의 이야기를 한다는 것은 자신의 경험을 이야기함으로써 잃어버린 삶에 대한 통제력을 회복하는 법을 배우고, 그 경험을 가지고도 삶을 포기하지 않고 살아가는 힘을 얻는 일이다.

치유를 결심하고 내 시간은 1초, 2초, 느리게 흘러갔다. 지금 그 시간은 어디쯤 머물러 있을까? 정확히는 모르겠지만 20대의 어느 순간에 정지해 있는 듯하다.

나는 내 시간에 맞추어서 관계를 맺어가고 있다. 과거를 사는 나는 여전히 어설프고 성숙하지 못하지만 그래도 내 시간을 회복하기 위해 노력하고 있다.

성폭력 생존자뿐만이 아니라 트라우마를 경험한 사람은 누구나 과거에 사로잡혀 살아가는 순간이 존재할 것이다. 그 사건이 제대로 설명되거나 해결되지 않는다면 벗어날 수 없는 기억 때문에 낯선 표정으로 살아가야 하는 순간이 있다. 사회가 그 사건을 이야기하지 못하게 금지하고, 피해자가 편견이나 치욕을 뒤집어쓸 때 시간은 더더욱 멈추게 된다.

과거가 아니라 현재를 살아가야 하기에 트라우마는 이야기되어야 한다. 트라우마가 있어도 삶을 포기하지 않아도 된다는 것을 터득하려면 트라우마가 이야기되어야 한다. 피해자의 관점에서 과거가 제대로 이야기되고 설명되어야 한다. 그래야 과거의 시간을 흘려보내고 현재를 살 수 있다.

◇◇◇◇◇◇◇◇◇◇◇◇◇◇◇◇

폭력, 상실, 차별, 편견에 의해 고립된 사람들을 피해 이전의 삶으로 돌아갈 수 있도록 도와주는 비영리단체를 소개한다.

트라우마 치유센터 사람 마음

02-747-1210 www.traumahealingcenter.org

## 30
## 내 삶에 일어난 사건들에
## 이름을 붙이다

　작년 초 상담선생님에게 상담을 다시 시작하겠다고 이야기했다. 기억들이 나를 잠식해 맨 정신으로 살아낼 수 없다고 이야기했다.

　당시에 나는 여성단체에서 상담원으로 일하면서 내담자를 선생님에게 연계하곤 했던 터라 다시 상담을 받는 것이 조금은 망설여졌다. 선생님 앞에 좀더 멋진 모습으로 서고 싶었는데, 자존심이 상했다.

　다시는 하고 싶지 않았던 상담을 받기 위해 상담소로 향했다. 상담을 다시 받는다는 것은 내가 괜찮지 않다는 것을 인정하는 것이었다. 그럼에도 불구하고 다시 상담을 받고자 한 것은 기억들이 불쑥불쑥 떠올라 일상이 흔들리고 있었기 때문이다.

선생님은 항상 그러하듯 친절하게 나를 반겨주었다. 선생님은 더욱 영민하고 멋있어진 것 같았다. 다시 상담을 시작하는 이유에 대해, 내 마음 상태를 어떻게 하면 잘 설명할 수 있을까 고민이 되었다.

상담원이 되어 내담자를 지원하면서 내 고통은 사사로운 것으로 여길 수 있었다. 내담자가 호소하는 고통을 들을 때 내 고통은 잠시 미루어둘 수 있었다. 하지만 내담자가 하는 이야기를 들으면서 내가 겪은 아픔이 극심하게 밀려오는 때가 있었다.

특히 어릴 적 부모의 방임과 학대를 경험한 내담자를 대하면 나는 무너져내렸다. 내담자가 다른 사람들처럼 평범하게 학교에 다니고 하루 세끼 밥을 먹는 소박한 생활이라도 가능했다면 하는 바람이 결국은 내가 그렇게 살지 못했다는 억울함으로 몰려왔다. 그 억울함의 끝에는 언제나 성폭력 피해 당시의 고통과 기억이 따라왔다.

상담선생님은 내 이야기를 듣더니, 상담원에게도 상담이 필요하다며 애써 위로를 해주었다. 그리고 예전에 상담을 진행할 때는 내가 하고 싶은 이야기를 하고, 내 문제행동에 대한 인지행동치료를 했었는데, 이번에는 '내러티브 노출치료'(Narrative Exposure Therapy, NET라고도 함)라는 프로그램을 진행해보자고 하였다. NET는 과거의 피해로 인한 공포와 불안, 죄책감, 수치심과 같은 반복적인 감정 때문에 일상생활이 어렵고, 사건과 관련하여 '신체화 증상'이 있는 나와 같은 사람들에게 효과적인 방법이라고 설명해주었다.

그러면서 선생님은 '환자', '정신병', '치료'라는 단어를 세심하게 피했다. 나는 속으로 그렇게 조심하지 않아도 괜찮은데, 라고 생각했다. 하긴 내가 다시 상담소를 찾은 이유는 선생님의 그런 민감성과 환자를 평등하게 대하는 태도가 좋았기 때문이다.

기억을 정리해보는 프로그램에 대한 설명을 들으면서 나는 불안했다. 떠오르는 기억들로 미쳐버릴 것 같은데, 그 당시로 되돌아가서 기억을 아주 세세하게 증언하고, 그것이 기록되고, 그 기록을 다시 읽어내야 하는 과정을 내가 견뎌낼 수 있을까? 나는 기억을 잊기 위해서 상담을 진행하고 싶은데, 오히려 내 기억을 세세하게 끄집어내는 것이 나에게 도움이 될까? 무서웠다. 그 기억 속으로 들어가는 것이.

선생님은 불안해하는 내 눈빛을 읽었는지 내 속도에 맞추어서 상담이 진행될 것이고, 고통을 다스릴 수 있도록 마음 공부를 동시에 진행하겠다고 나를 안심시켰다.

그간의 상담을 통해 나는 선생님의 말이 진심임을 알고 있다. 기억을 정리하고 살펴보는 것이 곧 기억에서 자유로워지는 방법이고, 이것이 외상 후 스트레스 장애 치료의 핵심이다. 내가 자유로워지길 바란다는 선생님의 말 속에는 용기를 내어 함께하자는 의미가 담겨 있음을 알 것 같았다.

나는 괜찮아지고 싶었다. 괜찮아지기 위해 그동안 나름대로 애를 썼다. 폭력 피해자를 지원하는 상담원이 되고, 여성주의를 공부하고, 성폭력에 대해 재해석하는 일이 나에게 힘이 되었다. 하지만 순간순간 찾아오는 기억에 무너지는 감정을 다스리지 못했다. 이따금 9살, 12살 때의 공포가 현실인 듯 엄습하면 살고 싶지 않았다. 그런 순간을 이를 악 물고 견뎌내야만 했다.

이제 내가 할 수 있는 마지막은 내 기억들을 정리해내고, 그와 함께 마음의 고통을 다스리는 법을 배우는 것이다. 나는 일주일에 두 번 상담을 받기로 했다.

상담을 받는 시간은 내 기억과 감각을 온통 피해 당시의 고통으로 끌고가는 것이므로 두려웠다. 이번에는 도망치지 않을 수 있을까? 나는 나를 믿지 못하지만 선생님을 믿기에, 힘든 여정을 다시 시작하기로 했다.

　첫날은 트라우마 진단을 위한 검사지를 받았다. 검사지에 담긴 질문은 어떤 시험문제보다 어려웠다. '어릴 적 누군가 당신의 허락 없이 당신의 몸에 손을 댄 적이 있는가?', '부모 형제에게 학대를 받은 적이 있는가?' 질문지를 보는 순간 가슴이 답답하고 눈앞이 흐려졌다. 먹먹한 기분. 난 여전히 어릴 적의 고통에 빠져 있다. 벗어날 수 없을 것만 같은 고통. 외상 후 스트레스 장애. 사람이 생각할 수 없는 차원의 고통을 경험한 사람들에게 내려진다는 진단. 어쩌면 나에게 가장 어울리는 진단일 것이다, 라며 쓸쓸하게 자조하게 되었다.

　검사가 끝나고 선생님은 긴 끈과 돌과 모조품 꽃이 담긴 상자를 가지고 왔다. 검사지를 바탕으로 내 기억에 있는 사건들을 고통의 크기에 따라 끈이라는 시간 속에 차례로 배열해보라고 하였다. 커다란 고통은 커다란 돌로, 작은 상처는 작은 돌로, 선물처럼 기쁨으로 기억되는 순간은 꽃으로, 그리고 앞으로 희망하는 삶까지.

　배열을 하고 나서 하나하나에 이름을 붙였다. 죽음, 배신, 저주, 운명…. 돌에게 이름을 붙이면서 내 삶에서 일어났던 사건들에 이름이 생겼다. 내가 배열한 것들을 가지고 다음 회기부터 본격적으로 이야기를 해보기로 했다.

'저주'라는 이름이 붙은 나의 탄생을 시작으로 상담은 시작되었다. 항상 하고 싶었던 질문, 나는 왜 태어난 것일까? 어릴 적 교통사고의 기억, 엄마의 손을 놓치고 울었던 기억, 엄마가 맞던 기억, 엄마와 헤어졌던 기억. 온통 엄마에 대한 기억이 가득하다.

삼촌이 내 몸에 손을 댄 그날은 '배신'이라는 이름으로, 도서관에서 '강간당한 여자는 어떻게 살아야 하나?'라고 고민하던 순간은 '혼란'으로, 또다시 가해진 폭력은 '저주'라는 이름으로, 스님에 대한 기억은 '운명'으로 이름을 부여했다.

선생님께 〈여성주의 저널 일다〉에 글을 쓰고 있다고 말씀드렸다. 선생님은 좋은 결정을 했다며 지지해주었다. 기록을 하는 것이 내가 자유로워지는 데 도움이 되고, 사회적으로 증언하는 것은 의미 있는 일이라면서 진심으로 격려해주었다. 기록의 속도와 상담의 속도를 조절하면서 내가 혹시 겪게 될지 모르는 고통을 함께 나누기로 했다.

상담이 진행될수록 나는 점점 지쳐갔다. 특히 아동기 때 성폭행 당한 기억을 이야기할 때는 숨이 막혔다. 선생님은 그 상황에서 내가 어떤 소리를 들었는지, 내가 맡은 냄새는 무엇이었는지, 내가 입고 있던 옷, 감정, 생각을 세세하게 떠올리라고 하였다.

그 지옥에 나보고 다시 들어가라고? 당신 미쳤어? 소리치고 싶었지만 그럴 수도 없었다. 선생님이 나를 고통 속에 집어넣으려는 의도가 아니라는 사실쯤은 알고 있기에.

어떤 날은 두려움에 떨면서 내 팔을 할퀴기도 하고, 아무 말도 못하겠다고 거부하기도 하고, 온몸이 떨리기도 했다. 하지만 회기가 거듭될수록 고통이 조금씩 흐려지는 것을 느낄 수 있었다.

일주일에 한 번은 감정 공부를 선생님과 따로 진행했다. 감정 공부를 통해 명상도 하고, 기억이 떠오를 때 내 감정을 느끼고 이해하기 시작했다. 나는 기억을 지울 수도, 사건을 잊을 수도 없지만, 그 기억과 고통 속에서도 살아낼 수 있음을 배우기 시작했다.

'내러티브 노출치료'는 3월부터 8월까지 중학교 때의 기억을 마지막으로 중단하게 되었다. 불쑥불쑥 떠오르는 기억과 고통은 아동 성폭력을 겪었을 때의 기억이었고, 그 기억으로 인해 통제 불가능 상태로 빠져들었던 감정으로부터 자유로워지기 위한 과정을 마친 것이다.

전체 치유 과정에서 상담은 일부에 지나지 않는다. 나는 그 일부를 무사히 마친 것이다. 이번 상담은 가장 심각한 증상 중

하나를 해결하기 위한 과정이었다. 이 과정에서 나는 '플래시백'(전쟁이나 심한 폭행 등 충격적인 과거의 경험을 생생하게 다시 체험하게 되는 현상)으로 인한 고통이 사라지고, 오랜 시간 나를 괴롭혔던 섭식장애가 개선되었다.

고통에 찬 비명으로, 원망으로 가득했던 그때의 기억들이 제자리를 찾아가면서 악몽에서 조금은 자유로워졌다. 여전히 사라지지 않는 기억이지만, 그 기억 속에서도 살아내는 법을 조금씩 연습해가고 있다.

중요한 것은 강간당한 그 순간에는 무력하게 아무것도 할 수 없었지만, 여전히 진행되는 그 고통에는 굴복하지 않고 내 방식으로 싸워나가고 있다는 사실이다.

하나의 과정을 무사히 끝내고 조금씩 나아진다는 사실을 확인한 순간, 나는 희망을 이야기한다. 그리 자랑스러운 삶은 아닐지라도, 내 삶도 가치 있는 삶이 될 수 있다는 희망, 그리고 어제보다 더 나은 내일을 만들어갈 수 있다는 희망.

한 번도 꿈꾸어보지 못한 내일을 기대할 수 있다는 희망만으로도 삶은 지속되어야 한다.

# 31
# 산다는 것은 얼마나 위대한가

성폭력 경험을 말하기 어려운 사회에서, 성폭력 피해자에게 폭력적인 문화에서, 강간당한 여자는 어떻게 살아야 할까? 나는 여전히 그 답에 대해 고민한다. 성폭력을 둘러싼 문화가 바뀌지 않는 한 그 답을 찾기 어려울지도 모른다.

성폭력은 한 시점에 발생한 사건에 지나지 않는다. 그럼에도 불구하고 그 사회가 성폭력을 어떻게 바라보는가에 따라 후유증의 정도가 매우 달라진다. 다른 범죄의 피해와는 다르게 성폭력 사건은 사회에서 말해지기 어렵다. 피해자에게 침묵을 요구하는 사회에서, 성폭력은 끔찍한 사건으로 재구성된다.

성폭력을 이야기한다는 것은 그 사건이 나에게 어떻게 구성이 되었고, 그것이 어떻게 내 삶에 영향을 미치고 있는가를 말하는 것이다.

내가 생각하기에 회복은, 내가 그 사건을 어떻게 받아들였는지를 깨닫고 그 사건들을 재구성하는 힘을 얻는 일인 것 같다. 사건이 내 언어로 말해질 수 있을 때 나는 비로소 피해자가 아닌 생존자가 될 수 있다.

글을 쓴다는 것은 내가 피해자가 아닌 생존자가 되기 위한 과정이었다. 이 과정이 무사히 지나가고 있음에 감사한다.

강간당한 여자는 어떻게 살아야 할까? 상담원 활동을 하면서 많은 내담자들이 나에게 했던 질문이기도 하다. 여전히 대답하기 어려운 말이지만, 나는 내 삶의 한 부분을 무사히 끝마쳤다. 내일도 오늘처럼 별로 새로울 것 없는 일상을 살아가겠지만 분명히 어제와 다른 삶을 살 수 있을 것 같다.

어느 날 뉴스를 보았다. 일기예보에서 '내일은 너울성 파도에 의해 해안가에 피해가 있을 수 있다'라는 멘트가 나왔다. 너울성 파도가 무엇일까 궁금해서 인터넷을 검색했다. 너울성 파도는 사라져가는 파도인데 그 피해가 크다고 설명되어 있었다. '사라져가는 파도'가 무슨 의미인지 잘 모르겠지만, 마지막을 태우며 영향력을 행사하는 그 상태가 지금의 나와 닮아 있다는 생각이 들었다. '너울'이라는 이름은 그렇게 해서 사용하게 되었다.

너울이라는 이름으로 글을 쓰면서 애써 안정되어 가던 일상이 흔들렸고, 성폭력이 재현되는 듯한 고통에 빠지기도 했다. 어느 때는 그 기억 때문에 아무것도 못하고 나를 애도하는 시간을 보내기도 했다.

그때의 꿈이 다시 재현되기도 했다. 그러나 중요한 것은 처음 악몽이 찾아왔을 때보다는 덜 아프다는 것이었다. 이제 나는 혼자가 아니라는 사실을 알고 있고, 나에게 위로를 건네는 사람도 있고, 내 삶을 지지하는 사람들도 있다.

처음 의도는 다른 생존자들에게 힘이 되는 글을 쓰고 싶었다. 그런데 의도와 달리 나에 대한 연민과 나 스스로에게 위로를 건네는 일이 되어버린 것 같다. 하지만 분명히 깨달은 사실이 있다.

피해 경험이 있는 사람은 치유의 길을 가는 과정에서 때때로 흔들리고 절망한다는 사실을 인정해야 한다는 것이다. 나와 같은 생존자뿐만 아니라 생존자와 함께 살아가야 하는 사람들도 그 사실을 인정해야 한다.

오랜 시간 치유의 길을 가면서 나는 내담자가 되기도 하고, 상담원이 되기도 했다. 지원자가 되어 다른 생존자의 사건을 지원하기도 했다. 그런데도 내 삶을 기록하면서 가끔씩 우울감과 피해의 기억에 괴로워진다.

주변 사람들은 이제는 괜찮아질 때가 되지 않았느냐고 기대를 갖는다. 그 기대를 온전히 채울 수는 없다. 다행인 것은 가끔 힘들어하지만 그보다 더 많이 빛나는 시간을 가지고 있다는 사실이다.

나에게 회복은 언제나 시작이다. 오늘보다 조금 더 평온한 내일을 기대하지만 내 기대와는 달리 내일 우울감에 빠져들지도 모른다. 그렇다고 해도 빛나는 내일이 있을 거라는 사실을 알기에 나는 언제나 회복의 길을 가려고 한다.


꽃은 사전적 의미로는 종자식물의 번식기관을 뜻하는 말이다. 사회적으로는 여성을 뜻하기도 한다. '아름다운 꽃을 보면 누구나 그 향기에 취하고 싶고, 좀더 가까이 다가가 만져보고 싶은 것이 자연의 순리이자 세상의 섭리'라고, 성추행 가해자를 옹호했던 어느 국회의원의 말처럼 세상은 여전히 여성을 수동적이고 순종적인 대상으로 여기고 있다.

여성을 꽃으로 비유하면서 꽃을 취하는 행동을 자연의 섭리라고 말하는 세상을 향해 꽃을 던지고 싶다. 꽃이라고 '은유되는 여성'을 던져버리고 싶다. 성폭력 피해를 양산하는, 그리고 성폭력 피해자에게 폭력적인 문화를 향해 꽃을 던지고 싶다.

나는 살아 있음에, 나에게 삶이 주어졌다는 것에 감사한다. 그동안 살면서 비록 잘못된 선택을 많이 했을지라도 산다는 것은 위대한 일임을 나는 믿는다.

가능하다면 앞으로 더 많은 시간이 나에게 주어졌으면 좋겠다. 조금은 느리고 서투르다 할지라도 조금씩 조금씩 내 삶을 채워나가고 싶다. 생존자로서의 삶이 아니라, 나 자신의 삶을 채워나가고 싶다.

내가 꿈꾸는 삶에 어떠한 고난이 닥칠지라도 '고통총량의 법칙'에 의해 모든 사람에게 주어지는 고통의 양은 같을 것이라고 담담하게 받아들일 것이다. 나에게만 왜 이토록 가혹한 시련이 닥치느냐고 억울해하지 않을 것이다.

생명이 있는 모든 삶은 위대하다. 그 존재만으로도 하나의 우주이고, 하나의 세상이다. 이 세상에는 다양한 삶이 있고, 내 삶도 그들과 다르지 않다는 것을 알게 되었다.

이제 나는 내 삶을 존중하고 사랑하고자 한다.

## 글을 마치며

글을 쓰는 동안 계절이 세 번 바뀌고 이제는 눈을 기다립니다. '눈이 괜찮다 괜찮다라고 내린다'는 어느 시인의 말이 좋아지는 것을 보면 제가 많이 괜찮아졌음을 느낍니다.

글을 시작할 때, 글을 마치면 이 세상의 삶이 사라져도 좋겠다고 여겼습니다. 그만큼 경험을 드러내는 것이 부끄럽고 자기연민이라 여겨졌습니다. 성폭력 피해자와 성판매 경험자에 대한 사회적 시선을 잘 알기에 어디까지 드러낼 것인가 고민도 하였습니다.

생존자들이 자신의 이야기를 기록할 수 있는 언어를 갖는 것은 자신의 피해를 자신의 삶으로 받아들이고 해석하는 데 중요한 역할을 합니다. 나는 큰 행운을 만나서 내 언어로 기록할 수 있었습니다.

글을 처음 시작할 때 이렇게 끝낼 수 있으리라고는 생각지 못했습니다. 글 쓰는 작업이 낯설기도 했고, 내가 입은 피해를 전시하는 것 같은 느낌이 들기도 했습니다. 힘이 들면 언제든지 도망가리라는 마음으로 시작한 작업이었습니다.

그러나 이렇게 글쓰기 작업을 무사히 끝낼 수 있었던 것은 많은 분들의 지지와 격려가 있었기 때문입니다.

글을 쓰는 과정에서 많은 은혜를 입었습니다. 우선 항상 내 글에 관심을 보여주고 위로를 건네주신 많은 〈일다〉 독자들께 감사드립니다.

그리고 "네가 자랑스럽다."고 말해준 생존자 친구들. 내 글이 너무 우울한 기록이라 우리의 밝음과 즐거움이 드러나지 않고 생존자에 대한 편견이 생길까 두려워하는 나에게 "네 이야기를 하면 된다."고 해준 그 말에 힘을 얻었습니다.

글을 쓰면서 내가 힘겨워하고 혼란스러워할 때마다 〈일다〉의 조이여울 대표와 편집자가 저를 일으켜 주었습니다. 그분들의 조언과 지혜가 없었다면 해내지 못했을 겁니다.

내 부족한 글이 좀 더 많은 사람과 소통되었으면 하는 바람으로 출판을 제안해준 도서출판 르네상스와 문채원 님께도 감사의 말을 전합니다. 생존자인 저와 세심하게 소통하면서 제 속도에 맞추어주고, 성폭력과 생존자에 대해 깊이 고민해주어 함께하는 작업이 즐거움이 될 수 있었습니다.

나는 생존자라는 이유만으로 너무나 많은 은혜를 입었습니다. 추천의 글을 써달라는 부탁에 흔쾌히 수락해주신 김영옥 교수님과 전희경 교수님께 감사를 전합니다. 제 글을 꼼꼼히 살펴봐주시고 지지해주신 데 대해 머리 숙여 감사드립니다.

끝으로 저의 소중한 지지자이며 친구인 다위와 리산을 비롯해 동기들에게 특별한 감사를 전합니다. 당신들이 있어 저는 행복합니다.

이 책을 읽어주신 모든 독자들께 평온이 함께하길 기원합니다.

## 나에게 힘이 되어 준 책들

성폭력 사건은 가치관의 혼란을 불러 온다. 여성의 성적 자율성이 통제되는 사회에서 성폭력에 대한 편견은 생존자들을 억압하고 통제한다. 잘못된 통념과 편견에서 스스로 자유로워지기 위해서는 올바른 가치관을 확립하는 것이 중요하다. 치유의 끝은 결국 자신의 경험을 올바르게 해석하고 사회적 통념으로부터 자유로워지는 것이다.

어떻게 살아야 하는지 막막하고 삶이 너무나 힘들다고 느낄 때면 누군가가 친절하게 길을 안내해주었으면 하고 바란다. 아니면 롤모델이라도 있었으면 좋겠다고 생각한다.

여전히 성폭력이 은폐되는 사회에서 치유의 과정은 결국 혼자서 감당해야 하는 문제이다. 그 지난한 과정에 함께해줄 든든한 책들을 소개할까 한다.

• 다른 생존자의 삶이 궁금하다면 - 빛나는 치유의 기록들
### 사밀라 벨리 《나는 인생을 믿는다》, 마음산책
열네 살, 열일곱이 되던 해에 윤간을 경험한 저자가 스물아홉 살까지 15년간의 방황을 기록한 치유기. 청소년들 사이의 성폭력 실태를 기록하고 있으며 강간에 대한 잘못된 통념으로 인한 2차 피해와

성폭력 피해자의 고통을 제대로 이해하지 않는 사회에 대해 이야기하고 있다. '나는 인생을 믿는다'는 말처럼 멋진 말이 또 있을까? 성폭력의 피해는 끔찍하지만 그것이 내 인생을 부정할 만큼은 아니라는 사실을 알게 해준 책.

**수잔 브라이슨 《이야기해 그리고 다시 살아나》, 인향**

저자 수잔 브라이슨은 미국 철학 교수이다. 그녀는 프랑스 농가에서 세미나를 하고 산책을 하던 중 강간을 경험한다. 죽음 직전에서 살아난 그녀는 자신의 경험을 해석하고 설명하는데 기존의 철학이 도움이 되지 않는다는 사실을 알게 된다. 그녀는 여성주의를 들고 와 외상에 대한 기억을 견디며 살아내는 힘을 얻기 위해 트라우마에 대해 설명한다.

이 책은 내가 가장 좋아하는 책이다. 그녀의 통찰이 여전히 많은 생각거리를 안겨준다. 그녀는 성폭력 생존자로 살아가는 의미가 무엇인지, 세상에서 아무도 이해할 수 없는 그 고통을 이야기해야만 하는 이유가 무엇인지 말하고 있다. 그녀의 멋진 사유는 당신에게도 큰 힘이 될 것이다.

"전쟁이나 지진과 같은 상황에서 살아남은 사람들은 모두 자신들의 끔찍한 경험에 대해서 함께 아파할 수 있지만, 이와는 달리 강간 피해자들은 자신들의 비참한 삶을 도무지 이해하지 못하는 사람들에게 둘러싸인 채, 급격히 해체되는 자신의 세계를 홀로 마주할 뿐이다." (42-43)

"여러분은 전과 같아지진 않을 겁니다. 그러나 여러분은 분명히 더 나아질 수 있습니다. [...] 당신의 삶이 산산이 깨졌을 때, 당신은 그 조각난 삶을 다시 맞추려 할 수밖에 없었겠죠. 그러나 당신은 깨진 삶을 다시 맞추기를 멈추고, 그 삶이 당신에게 어떤 것이었는지 돌아볼 기회도 가질 수 있습니다. 당신은 '나는 더 이상 이건 원치 않아' 혹은 '저건 할 수 있겠는걸!'이라고 말할 수 있고요." (51)

### 테레사 라우너 《그녀의 불편한 진실》, 또하나의문화

성폭력 생존자인 테레사 라우너가 자신이 받았던 상담 기록을 통해서 강간 경험을 드러내는 것에 대한 두려움과 심리적 변화를 기록하고 있다. 상담을 받고자 하는 사람들 혹은 상담을 받고 있는 사람들이 읽어보면 도움이 되는 책.

### 은수연 《눈물도 빛을 만나면 반짝인다》, 이매진

친족 성폭력 생존자의 빛나는 치유 일기. 가해자가 보호자인 경우 친족 성폭력을 드러내는 것은 매우 힘든 일이다. 이 땅에 너무도 많은 친족 성폭력 생존자 중 한 명인 그녀가 들려주는 용기 있는 고백.

### 엘렌베스, 로라데이비스 《아주 특별한 용기》, 동녘

오랜 기간 생존자를 지원하고 있는 두 여성이 들려주는 아동 성폭력 피해자와 가족, 상담자를 위한 안내서. 성폭력 피해자들이 경험하는 직면의 어려움이나 치유 과정 그리고 변화에 대해서 세심하게 다룬 책. 특히 생존자 편에 선 사람들을 위한 글은 우리가 생존자와 함께 살아가기 위해 꼭 필요한 부분이다. 이 책에서 '살아남기 위해 당신이 했던 것들을 존중하라'라는 말이 나를 이해하고 용서할 수 있는 계기가 되었다.

• 기억과 감정의 혼란을 이해하고 싶을 때 읽으면 좋은 책

### 주디스 허먼 《트라우마》, 열린책들

외상 후 스트레스는 여러 가지 감정과 증상이 복합적으로 나타나고, 사람에 따라 다른 형태를 보이기도 한다. 내 복잡한 감정을 이해하는 첫걸음. 외상 후 스트레스로 인한 내 감정을 이해하는 것이 나에 대한 이해와 용서의 시작인 것 같다.

### 앨리스 밀러 《폭력의 기억: 사랑을 잃어버린 사람들》, 양철북

어린 시절에 경험한 체벌과 학대가 이후의 삶에 미치는 영향에 대

한 보고서이다. 저자는 아동기 때 경험한 폭력은 잊히는 것이 아니라 우리 몸에 각인되어 있다고 주장한다.

"나는 모든 폭력적인 방식의 '교육'을 '학대'로 간주한다. 인간으로서 품위를 유지하고 존중받아야 할 아이의 권리를 인정하지 않기 때문이다. 더 나아가 그것은 일종의 전체주의 체제를 구축한다. 그리고 그 속에서 아이가 모욕과 품위 상실, 학대를 알아차리기란 불가능하다."

• 용기가 필요할 때 읽으면 좋은 책

**김희수 외 《나, 독립한다》, 일다**
지금 독립을 꿈꾸는 여자들에게 건네는 여성들의 독립에 관한 이야기

**언니네 사람들 《언니네 방》, 갤리온**
사람들과의 관계로 힘들어하는 당신에게 건네는 메시지. 세상에 자신을 맞추기보다 가장 자신다운 모습이 멋지다는 사실을 기억하자.

**사이토 마치오 《지금 이대로도 괜찮아》, 삼인**
지금 이대로도 괜찮아. 이 말처럼 멋진 말은 없을 것이다.

막달레나의 집 《늑대를 타고 달리는 용감한 여성들》, 삼인

• 성폭력에 관한 여성주의적 해석

자신이 경험한 성폭력 사건을 재해석하고 재구성함으로써 회복이 가능하다는 여성주의자들의 통찰은 매우 훌륭하다. 사회의 편견, 내 안의 편견이 나를 가두어 놓으면 나는 결코 괜찮아질 수가 없다. 성폭력을 어떤 시각으로 다시 증언하느냐에 따라 우리의 삶은 달라질 수 있다.

**정희진 《성폭력을 다시 쓴다》, 한울아카데미**

**이미경 외 《성폭력에 맞서다》, 한울**

**전희경 《오빠는 필요 없다》, 이매진**

이 책만큼 성폭력에 대해 깊은 성찰과 사유를 느끼게 하는 글도 드물 것이다. 조직 내에서 여성으로 살아가기가 얼마나 힘든 일인가. 한국 사회에 사는 여성들이 반드시 읽어보아야 할 책이다.

**해제**

## 우리 모두의 평화를 위한
## 용감한 고백

김영옥(여성학자, 인권연구소 '창' 연구활동가)

 그녀에게서 원고를 건네받던 날 나는 꽃다발도 함께 받았다. 원고와 함께 받아든 꽃은 내게 여러 가지 느낌을 불러일으켰다. 사람은 꽃보다 아름답다, 는 노랫말이 떠올랐고, 동시에 《오늘 나는 꽃을 받았어요》라는, 가정 폭력에 고통 받는 여성들에 관한 책이 떠올랐다. 아내/여성에게 폭력을 행사하고 그 다음 날 아무 일 없었다는 듯이 꽃다발을 내미는 남편/남성. '나는 오늘 꽃을 받았어요'라는 문장은 아름다움과 향기 뒤에 숨겨진 폭력과 모욕, 공포와 상처로 찢겨져 있다.
 집에 돌아와 책 제목이 《꽃을 던지고 싶다》임을 알았다. 힘겹게 써 내려간 그녀의 기록을 (그녀만큼은 아니지만 역시) 힘겹게 읽어 내려가며 제목이 왜 그래야 하는지 깊이 공감하지 않을 수 없었다.

여성은 종종 꽃으로 은유된다. 실제의 꽃이든 은유로서의 꽃이든, 꽃을 대하는 우리의 태도는 다양하다. 이름을 부르기도 하고 멀리서 혹은 가까이 다가가 향기를 맡기도 하고, 꺾기도 한다. 여기서 이름을 부르는 것과 꺾는 것은 근본적으로 다른 행위다.

그러나 현실 속에서, 대부분 사랑이라는 명목 하에, 부르는 것은 꺾는 것과 얽혀 있다. 종종 동일한 것으로 오인되기도 한다. 부르는 것은 경계를, 나와 너, 자아와 타자 사이의 거리를, 그 메워지지 않는 낯섦과 목마름과 결핍의 심연을 전제로 하는 행위이고, 꺾는 일은 내가 너를, 자아가 타자를 집어삼키는 행위다. '타자'를 자아의 쾌락 해소 '대상'으로 철저하게 전락시키는 행위다.

'성폭력 희생-생존자'라는 정체성을 갖고 있는 저자는, "꽃을 던지고 싶다"라고 말한다. 다시는 조우하고 싶지 않은, 몸에 새겨져 있어 이미 그녀 자신을 만들고 있지만 그만큼 더 낯설고 기괴한 장면들과 가까스로 마주하면서 그녀는 수도 없이 반복해서 꽃을 던진다. 폭력과 왜곡, 부서짐을 숨기고 있는 저 꽃을. 꽃을 던지며 그녀는 계속 질문한다. '그날 내가 잃어버린 것이 무엇'인지.

### 그날 그녀가 잃어버린 것은 무엇인가?

'그날 내가 잃어버린 것은 무엇인가?' 이 질문은 모순처럼 보이기도 한다. 정체성은 새겨짐의 과정을 통해서 구성된다. 사회 구성원으로서 우리의 정체성은 외부에서 들려오는 금기나 계율의 목소리가 내부의 신체역학과 함께 만들어내는 것이다. 성별, 국적, 인종, 종교, 성적 지향성 등과 관련한 정밀한 규범들이 바늘이 되어 자아라고 하는 문양을 새긴다. 그렇게 유순한 신체가 만들어진다.

가부장제가 지독한 한국 사회에서 여성은 강도 높은 성/별 정치학의 규범과 투쟁하며, 협상하며 산다. 남성들이 초남성성의 신화를 따라가느라 허덕이고 여성들이 여성성의 신화와 현실의 간극 사이에서 거의 불가능한 줄다리기를 하고 있는 이곳에서 무엇보다 성폭력은 여성의 정체성에 심각한 분열의 흔적을 남긴다. (이 문장을 쓰는 나는 몹시 괴롭다. 쓰고 싶지 않은 문장을 억지로 쓰느라 몇 번을 지우고 다시 쓴다. 도대체 그 누가 성폭력에 의해 새겨진 정체성을 갖길 원하겠는가. 물론 정체성은 시간을 두고 구성되며, 다중적이고 웹의 형태를 띤다. 그러나 여기 이 글이 증언하듯이 성폭력으로 각인된 정체성은 다른 정체성을 억압하며 거의 독주할 정도로 그 영향력이 크다.)

한국 사회처럼 가부장제가 강한 사회에서 여성은 자신의 이름을 불러줄 그를 위해 순수/순결하게 남아 있어야 한다, 적어도 이론상으로는. 혹은 아주 가파른 정반대의 가능성. 신자유주의 글로벌 경제체제가 여성 노동력을 다양한 방식으로 요구하고 여성들의 경제활동이 활발해지면서 여성들의 자기결정권이 높아지고 있는 상황에서 여성들은 또 자율적이고 자유로운 성적 주체이길 요구 당한다.

전자에서나 후자에서나 여성들은 덫에 걸릴 확률이 높다. 순수는 '이미' 위선이고 선택이나 결정은 '여전히' 위장이거나 강요 쪽으로 기운다. 이런 상황에서 성폭력을 경험한 여성의 정체성은 소위 성폭력을 경험하지 않은 여성의 정체성보다 더 복잡하고 위태로우며 치명적인 자기 불신, 자기 파괴의 에너지에 내몰리게 될 수 있다.

순수/순결하게 몸을 지켜내지도 못했으며, 자유 의지에 따라 성적 욕망에 충실한 것도 아닌 이 상태를 뭐라 호명할 것인가. 이 경우 호명이 너무 단일하게, 폭력적일 정도로 단일하게 이루어지기에 육체에 가해진 첫 폭력 이후에도 상징적 차원에서 가해지는 이차, 삼차의 폭력을 막을 수가 없다.

성폭력은 특정한 정체성을 새긴다. 그런데 이 새김은 어떤 상실과 동시에 일어난다. 기본적으로 정체성이라는 게 새겨짐의 과정이고 결과인데, 외부와 내부 또는 육체적 자극과 상징적-이데올로기적 규범의 상호작용 속에서 구성되는 정체성인데, 그래서 뫼비우스의 띠로서의 정체성 혹은 몸의 정체성이라고 불리는 것인데, 성폭력을 경험한 사람은 외부와 내부를, 몸과 정신을 극단적으로 분리하게 된다는 것이다.

  그녀가 아파하며 증언하듯이 원치 않은 폭력이 발생한 육체, '그들'이 그토록 어처구니없이 소유를 주장한 그 육체와 오염되지 않은 정신을 분리시키는 메커니즘이 생기는 것이다. 그녀는 자신의 전 존재가 육체로 환원되었다고 생각한다. 그래서 그 육체를, 육체로 남겨진 존재/자인 자신을 사랑할 수가 없다. 많은 경우 사람들의 신경증이 과도한 나르시시즘에 연유한다면, 그녀의 고통은 나르시시즘의 불가능성에 뿌리를 내리고 있다. 나르시시즘뿐만 아니라 자기를 사랑하고 자기를 믿고 자기의 실패를 위로하고 자기의 '지금' 속에서 자기의 어제와 내일을 함께 만나는, 저 통합적인 자아가 불가능하다. 단절과 파편으로 남겨진 자아, 극심한 자기 소외에 빠진 자아. 자신을 사랑하는 게 힘든 상황, 이 상황이야말로 가장 자연스럽지 못한 상황 아닌가. 이 상황은 설득력이 없고 지극히 부자유하다.

## 마음의 상처에 무심한 사회에 말 걸기

몸의 상처에서 마음의 상처가 자라고 다시 마음의 상처에서 몸의 고통이 흐르는 시간들을 견디면서 그녀는 자신이 잃어버린 것이 무엇인지 추적한다. 도둑을 만났다면 그 잃어버린 것이 분명할 텐데. '그날 내가 무엇을 잃어버렸는가'라는 질문은 '그날 그 사건은 과거의 어느 한 시점, 한 장소에서 일회적으로 일어났던 것이 아니라 그때부터 지금까지 나를 관통하는, 여전히 일어나고 있는 것이다'라는 진술과 만난다. 통합적 자아를 불가능하게 만드는, (다중적이라기보다는) 분열적인 자아를 강요하는 그 사건. 지속적인 질문은 지속적인 사건의 대면이다. 그 끔찍한 사건을 또 지속적으로 대면하는 이유는 '내'게 일어난, 여전히 일어나고 있는 그 사건을 어떻게든 타자 규정성이 아닌 자기 규정성의 관점에서 '나'의 경험으로, '나'의 이해로 통합시키고 싶기 때문이다.

그녀의 이 열망은 그녀에게 그 사건이 발생하게 내버려두고, 이제껏 그녀의 경험이 되는 것을 막아왔던 한국 사회, '마음의 상처에 무심한 사회에' 말을 거는 것이기도 하다. 사랑의 이름으로, 아니 사랑이라는 각본조차 내팽개친 채 맹목의 순간적 쾌락을 위해 타자를 강탈하고 소유하는 행위인 성폭력은 가부장제 사회에서 암묵적으로 용인될 뿐 아니라 문화적으로

'납득 가능하게' 가공된다.

폭력적으로 여성과의 관계를 시작하는 '나쁜 남자'의 스토리는 종종 주변부 남성들의 계층적 위치와 관련해 생물학적 '리얼리즘'의 오래된 신화를 강화시킨다. 그러나 리얼하게, 꽤나 '설득력 있게' 묘사된 '거친 주인공 남자들'의 행태나 가장 약자인 초등학생을 '겨냥해' 폭력을 가하는 '파렴치한들'의 행태나 모두 다 오랜 가부장제 성문화-이데올로기의 결과일 뿐이다.

최근 몇 년간의 아동 성폭력 사건들이 잘 보여주듯이, 이 책이 피를 토하면서 증언하듯이, 이런 관행은 특히 계급/계층과 밀접하게 연관되어 있다. 부모나 친족, 이웃이나 학교, 사회의 보호를 받지 못하는 아동들이 당하는 성폭력은 가부장제 문화 이데올로기와 자본이 시민사회나 국가의 적절한 개입 없이 거칠게 결합할 때 '악의 진부함'이 얼마나 손쉽게 번식할 수 있는지 역설한다. 괴물 같은 행위에서 우리가 발견하는 것은 괴물이 아니라 타자의 관점에서 생각하는 능력의 부재다. 특정 사이코패스 괴물이 따로 있어 괴물 같은 행위를 하는 게 아니라 편재하는 왜곡된 성문화, 사이비 리얼리즘 성문화의 진부함이 자본 중심 국가-시민사회의 나태함을 만나 성애화되고 젠더화된 폭력을 계속 양산하는 것이다.

성폭력 생존자의 고통의 기억, 생존의 기록을 읽고 그 경험에 공감한다는 것은 그래서 조금이라도 제대로 된, 조금이라도 타자의 관점을 유지하는 평화로운 관계를 소망하는 우리 모두의 시민적 과제다. 사람 사이의 평화(로운 관계)는 지역-시민사회 공동체와 국가가 함께 공동으로 생성해내야 할 가치다.

저자가 폭력의 기억을 독자들과 공유하겠다는 용기를 낸 이유도 바로 그것이다. 많은 사람들이 이 기록에 정동적으로 공감하며 평화로운 관계, 환경 만들기에 동참할 것을 소망한다.